Amsterdam gebouwd op palen
Written and illustrated by Herman Janse

アムステルダム物語
杭の上の街

ヘルマン・ヤンセ［文＋イラスト］
堀川幹夫［訳］

鹿島出版会

Amsterdam gebouwd op palen
by
Herman Janse

Copyright © 1993 by Herman Janse
First published in Holland in 1993
by Uitgeverij Ploegsma bv / De Brink, Amsterdam
All rights reserved.
Published 2002 in Japan
by Kajima Institute Publishing Co., Ltd.
This translation published by arrangement
through The Sakai Agency, Tokyo.

まえがき

　本書は1993年にアムステルダムで出版された"Amsterdam gebouwd op palen"の全訳である。原題は『杭の上に建てられたアムステルダム』となるが、これは決して大袈裟な表現ではない。低湿地に興った国オランダでは、軟弱な地盤と闘いながら町と建物を建設してきたのであり、その格闘は今もなお続いている。

　本書は32の章からなりオランダの首都アムステルダムの都市と建築の歴史についてあらゆる事柄が簡潔に述べられている。アムステルダム誕生の経緯から近代に至るまでの成長過程、そして建築の様式や構造、さらには住宅の間取りや暖炉、庭の東屋にいたるまで余す所なく解説されている。また著者の手による挿絵もふんだんに盛り込まれており、理解を助けてくれる。そのように豊富な知識を提供してくれるにもかかわらず、一般の人々にも、またオランダ人以外の読者にも親しみやすい内容となっている。

　著者ヘルマン・ヤンセ博士（1926年、アムステルダム生まれ）は長年、国立文化財保護機関（Rijksdienst voor de Monumentenzorg）で研究に携わり、歴史建造物に関する書物を多く著している。アムステルダム旧教会の修復においては指揮監督を務め、またオランダで最も権威ある建築術語辞典の著者としても知られる。本書は「好きに書かせてくれるなら」という条件で引き受けたそうで、彼の卓越した知識と経験が凝縮している一冊である。

　全篇は「アムステルダムの誕生と成長」「建物の構造と工法」「住宅の構成と細部」のおおむね3つの内容から成り、都市という大きなスケールから、住宅の細部へと至る章立ては明快である。住まいの背後にある立派な庭や荷揚げ用の引き上げ機など、普段目にすることのない部分も多く含んでいる。

　ここで解説される建築様式はオランダの他の歴史的な街区にも共通する特色であり、巻末には建築用語集と通りの名前の由来解説を補って

あるので、オランダの都市や建築の歴史に興味のある人にとっては優れた入門書となるだろう。また手頃なサイズの本書は、アムステルダムという歴史的な町を逍遥する際の理想的な手引きとなるだろう。実際、すでに出版されている英語版を携え、アムステルダムを観光する外国人旅行者を見かけることがある。

　この日本語版には、本書に登場する建物の所在を示した地図を新たに添えた。

　本書がオランダの、そしてアムステルダムの都市と建築の魅力に触れる機会を少しでも多くの方々に提供することを願ってやまない。なお本文中の（　　）内は訳注である。理解の一助となるならば幸いである。

訳者

目次

アムステルダムの地層　5
都市の起源　6
都市の成長　8
市壁と市門　10
建築様式と建築家　14
ダム広場　20
赤い雄鶏（火災）　24
水門　26
橋　28
開放的なエイ湾と埋め立て　30
建設地盤の準備　33
建物の基礎　34
材木の取引と産業　40
職業と建築材料　42
煉瓦積み　45
留め金具　47
木造骨組み　48
床組　50

屋根　52
屋根材　55
正面とパイ　57
窓とガラス　64
ストゥプ　70
装飾　72
引き上げ用の梁　74
倉庫　76
住宅　78
住宅の構成　82
暖炉と煙突　84
室内　86
庭と東屋　88
色彩と塗装　90

用語集　92
通りと運河の名称　99
掲載建物等案内図　104

アムステルダム、この大都市は杭の上に建てられている、
もしひっくり返ったら、いったい誰が補償してくれるのだろう?

アムステルダムの地層
De bodem van Amsterdam

アムステルダムの地下およそ400mには数百万年前の硬い岩盤が横たわっている。その上には厚い砂の層が延びているが、これは氷河時代にスカンジナヴィアからの氷河によって堆積したものである。氷河が退いた後にツンドラが形成され、1万年くらい前までマンモスが生存していた。氷河時代以来18万年の間に、膨大な量の氷が溶け海面が50mも上昇した。海中には貝を含む粘土や砂の層が堆積し、最後の1万年で沼地ができ、その中に泥炭地が形成された。そこには、絶えず上昇する水の中に倒れた木が多量に横たわっている。これらは何世紀にもわたって残存し、今でも基礎の杭を打つ際に突き当たることがある。

アムステルダムの地下、最も浅い砂の層は最後の氷河期に形成され、約2.5mの厚みがある。この層は道路面から12〜13m下にあり、基礎の荷重を支えることができる。

今でも、旧教会は13世紀末にマイデル砂と呼ばれる支脈の上に直接建てられた、と大抵の遊覧船で説明されているがこれは正しくない。当時の壁は厚く詰まった泥炭の上に建っているのである。

アムステルダム中心部の一番上の層は、最初の居住者が築いた堤と、彼らの残した廃棄物によって形成されている。そして、これが氾濫による薄い粘土層によって時々中断しているのである。

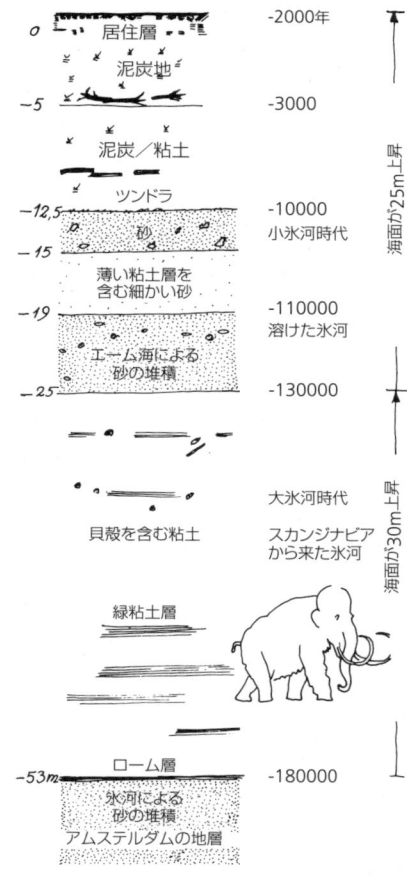

＊本文中の（　）内は訳注

都市の起源
Het ontstaan van de stad

12世紀、低地の泥炭地域は定期的に嵐による氾濫に見舞われた。水位は絶えず上昇し、湖はさらに軟弱な土地を浸食した。そこに海へ開く裂け目が生じ、フレフォ湖はまったく新しい内海、ザイデル海へと成長した。

ザイデル海と（北海側の）砂丘の列との間の入り江がホラントを二つに分断した。その沿岸の湖沼地方はアー、エーまたはイェなどの短い名を持つ。テル・アール、エダム、クロメニ（曲がったイェ）といった地名が、そのことを裏付けている。そしてその入り江もまたイェと呼ばれ、後にイまたはエイに変化した。

ウールデン付近、かつてのライン川とエイ湾の間の泥炭・粘土地帯を蛇行する川はアーまたはアメと呼ばれた。12世紀末、エイ湾南岸の広大な泥炭地帯に人々が住み、開墾し始めた。その地帯はアメに面する地域、アメステレの名を得た。そこにはターメンと呼ばれる村もあり、現在アイトホールンの一部となっている。川の東側はアウデル（旧）・アムステル、西側はニウェル（新）・アムステルと呼ばれた。やがてその川もアムステルという名称を得た。12世紀にはこの地域の支配者、アムステル領主の城近くに教会が建立され

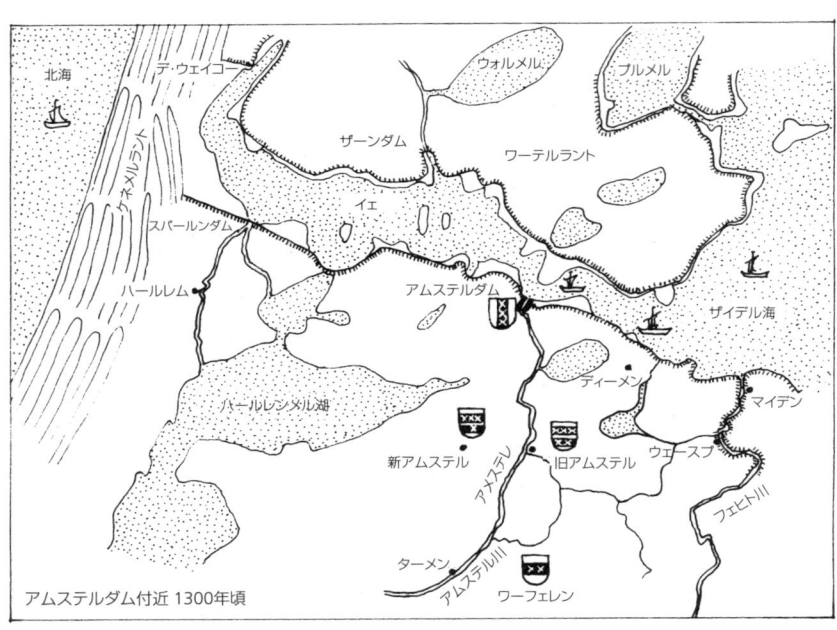

アムステルダム付近 1300年頃

た。13世紀末にはアメステレに2番目の教会が建てられた。その際、最初の教会周辺の村はアウデル・ケルク（旧い教会）の名を得た。

依然としてこの地域は頻繁に氾濫に見舞われ、ホラントの泥炭地帯では水の脅威が増大していった。高い土地から果てしなく流れ込む水と海からの脅威を止めなければならなかった。そこで、特にエイ湾やアムステル川に沿ってダム（堰）やデイク（堤防）が築かれた。今日でもハールレンメルデイク、ニウェンデイク、そしてゼーデイクといった通りの名によって、これらの堤防の通っていた場所が分かる。ニウェゼイツ・フォールブルフワルとニウェンデイクの間の狭い登り坂など、その痕跡は、今でも見ることが可能である。

高潮がこれ以上内陸へ侵入しないように、アムステル川にダムが築かれた。それ以降、この居住地はアメステレダメと呼ばれた。住民は主に漁師、職人、商人たちだった。ダムより外側の川の直線部分、ラックがダムラックと呼ばれ、ダムの内側のラックがラック・イン、すなわち現在のローキンである。

ニウェル・アムステル付近から溢れた水は、泥炭地を流れるブーレンウェーテリングに沿って、アムステルダムの方角からエイ湾に向かって流れた。海水を阻止し、内側の水を広い海に排水させるため、ダムには閉鎖することのできる開口部が造られた。水門の建設中、川の水は一時的に他の経路に沿って排水されねばならなかった。おそらくこのためアムステル川とブーレンウェーテリングの間に水路が掘られたのであり、これがスパイと呼ばれた。同時に反対側にも迂回水路が掘られた。こうしてアムステル川のダム広場付近に拡張しつつあった居住地にとって、理想的な境界が生まれた。

1275年、フローリス5世伯はホラント全域の住民に対し通行税を免除した。1306年、村は都市の特許状を獲得した。

アムステルダムの最初の教会はアムステル川の東側、堤防の内側に建てられ、船乗りと商人の守護聖人である聖ニコラースに捧げられた。彼は都市の守護聖人でもある。後にアムステル川の西側にも教会が建てられた。最初の教会は、今日でもアウデ・ケルク（旧教会）、2番目はニウェ・ケルク（新教会）と呼ばれている。

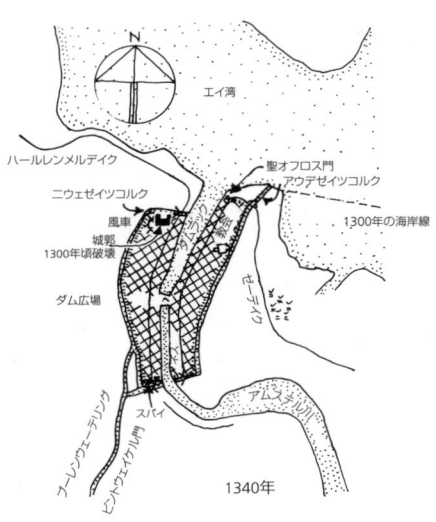

都市の成長
De groei van de stad

創成期のアムステルダムはアムステル川の両側に防御のため土の塁壁を備えていたが、この土塁はどちらの側に位置しているかによって、アウデゼイツ・ブルフワル（旧い側の土塁）、およびニウェゼイツ・ブルフワル（新しい側の土塁）と呼ばれた。都市は1380年ごろ拡張され、旧い側に壁を巡らした2番目の運河、アウデゼイツ・アハテルブルフワルが築かれた。最初の防御壁が用済みになった時、旧教会は東側に拡張することができたが、空間は十分ではなかった。運河の岸壁は教会の聖歌隊席を設置するために湾曲していた。この曲がりは今でも運河の岸壁に確認することができる。

さらに新しい側でも、ニウェゼイツ・アハテルブルフワルに至るまでの細長い土地が拡張された。

1420年頃、都市は再び手狭になった。東側には、今日のヘルデルセ・カーデとクロフェニールスブルフワルに沿って新しい市壁が建てられた。西側には町を囲む堀が掘られ、アムステルダムの人はこれをシンゲル（都市を囲む運河）と命名した。

1578年アムステルダムは、新教の信奉を選択したが、ネーデルラント西部の都市の中では最後の一つであった。カトリックのスペイン人に対して、度重なる戦争が続いたにもかかわらず都市は栄えた。エイ湾からはおびただしい数の船が全世界へ向けて出帆した。船と共に持ち帰られた商品は、アムステル川沿いの町で貯蔵され取引された。しかし古い市壁の内側は、もはやあまりに狭すぎるという大きな問題があった。

東側の市壁の外側にある細長い土地は造船所、ロープの製造所、すなわちレインバーン、染物を乾燥させる場所として用い

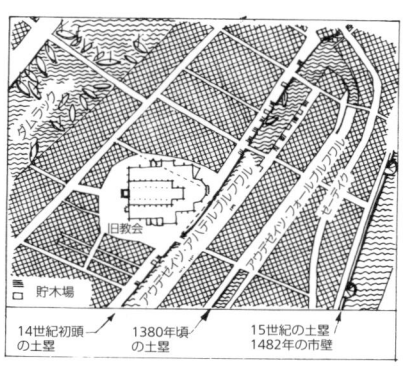

られていた。この地区は船の「積み荷（ベラステン）」に因んでラスターへと呼ばれ、1585年に町に加えられた。同年シンゲルの外側に、ヘーレン（支配者の）運河の掘削が始まった。この部分にも防衛地帯が築かれた。1593年、再び東側の新しい地区が市壁の中に入り、運河が掘られ、主に倉庫や工場が場所を獲得した。

1580年頃のアムステルダムの人口は3万人だったが、50年後にはすでに12万5000人に増加していた。1612年、市の西側が2つの運河、ケイゼルス（皇帝の）運河とプリンセン（君主の）運河を以て再び拡張される最中、スペインの支配者およびローマ・カトリック教会の掟に従うことを望まないネーデルラント南部からの亡命者たちで、町は溢れかえっていた。そこで急きょ、外側の干拓地に既存の溝に沿って小運河と道路が建設され、亡命者たちはそこに質素な家を建てることができた。その通りや運河の殆どには花や植物の名前がつけられた。さらに1685年にはフランスから大量の亡命者たちがこの地区に住み着いたが、通りの名前が庭園にいるような気分にしてくれることから、ここをジャルダン（仏語で庭）街と命名した。この名称が後にヨルダーンと転訛した。1612年の拡張では、町の面積が2倍になったが、（環状運河と）直角に交わるレイツェ運河をもって一時休止された。

大規模な拡張は1660年頃に行われ、中心部の南と東に運河が掘られた。その全体はレインバーンス運河で閉じられ、新しい防御壁とシンゲル運河が境をなしている。このようにして、中世の核の周りにごく自然に半円形の環状運河が現れ、この同心円状の都市平面が長い間アムステルダムを有名にしてきた。これはピョートル大帝がサンクトペテルブルクを建設する際の手本となった。

17世紀には、市域を広げる他の方法として、エイ湾の東側および西側に工場と倉庫を設置するための島が建設された。これ以後は、あり余るほどの空間があり、19世紀半ばまで拡張の必要はなかった。

1850年以降、アムステルダムの人口は突然、急速に増大したので、シンゲル運河の外側に新たな住宅地が必要となった。1920年以降、大規模な拡張が続き、新しい地区は方位によってアムステルダム・ウェスト（西）、ザイト（南）、そしてオースト（東）と呼ばれた。またエイ湾の北側にも新しい地区が生まれた。第二次世界大戦以降、都市は爆発的に成長し、町の東南の干拓地にも全く新しい町ベイルメルメールを建設しなければならなかった。

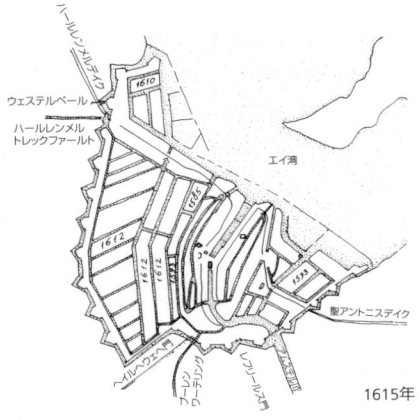

1615年

市壁と市門
Stadswallen en poorten

最も古い時代、町は3つの入り口を持っていた。東側のアムステルデイクがゼーデイクへ移行する場所に聖オロフス門があり、この名はノルウェー人の船乗りのためにその隣に建てられたチャペルに因んで付けられた。2番目の門、ハールレンメル門は西側のアムステルデイク、ニウェンデイクがエイデイクに変わる場所に建ち、そこはハールレンメルデイクと呼ばれる。スパイにはビントウェイケル門が建ち、ビネンウェイク（内側の街区）への進入口となっていた。

14世紀、15世紀と拡張された後も、町は依然として土塁と木柵で護られていた。15世紀には火薬が使用されるようになった。しかし市当局が煉瓦の壁を作ることを決議したのは、1480年ザイデル海でアムステルダムとヘルデルラントの艦隊が一戦を交え、ユトレヒト司教の軍隊が迫ってくるにいたってからであった。エイ湾と海沿いの堤防の間はヘルデルセ・カーデ（ヘルデルラントの波止場）と名付けられ、アムステル川付近の塁壁の塔は「沈黙のユトレヒト」と呼ばれた。

壁で囲むための費用は、罰金を現金もしくは煉瓦の供出という形式で科することで賄った。壁の内側にはアーチがつき、その上に歩廊が続き、守備者を敵の弾から護るための胸壁があった。現存する建物でも銃や大砲のための銃眼を見ることができる。

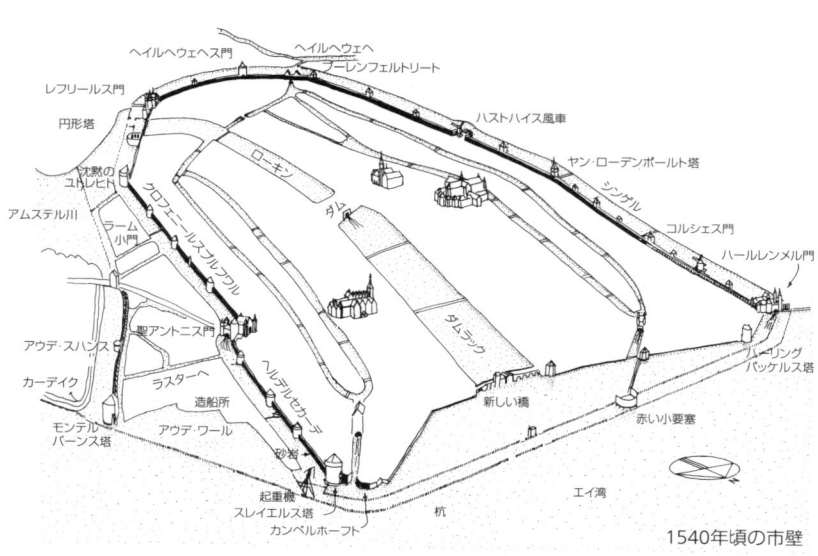

1540年頃の市壁

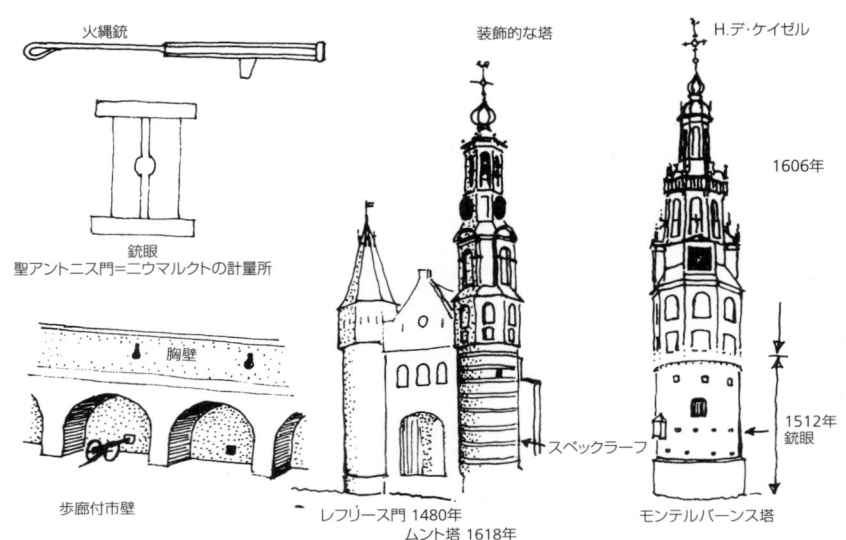

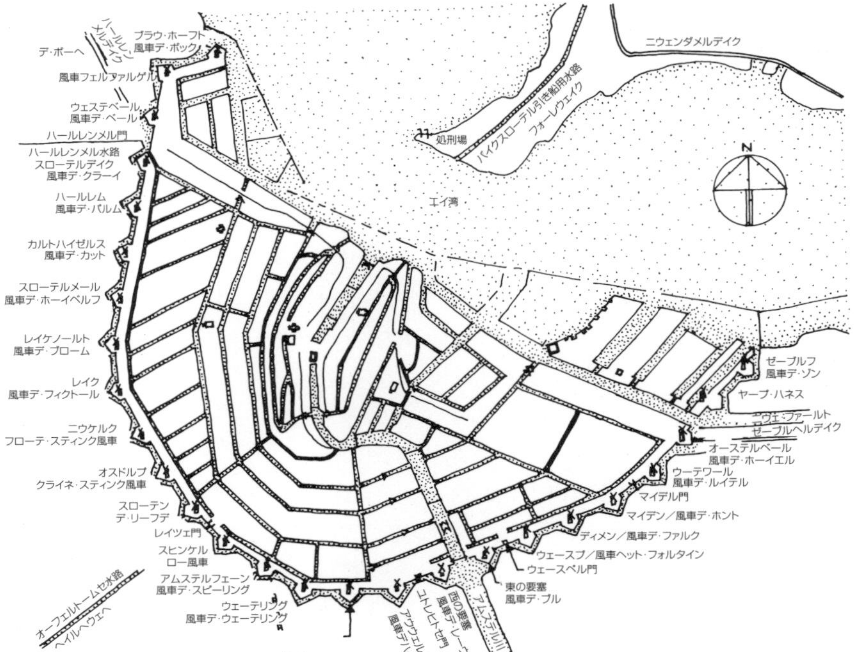

等間隔に建つ塔からは、壁のすぐ前一帯が見渡せた。門は所々に付けられた。海沿いの堤防の入り口は、東側が聖アントニス門、そして西側は新しいハールレンメル門によって護られていた。それぞれの門の下には、余剰の水をエイ湾へ流しだす水門があった。シンゲルのアムステル川付近にはレフリールス門があり、これは両脇を小塔で護られた四角い建物だった。この門は、町のすぐ外に建っていたレフリールス修道院に因んで名付けられた。この建物は1619年に出火し、その後、建物は殆ど取り壊されてしまい、アムステル川縁の塔だけが残った。市の建築家ヘンドリック・デ・ケイセルが装飾的な頂部を設計し、隣接する番小屋が建てられた。災いの年、1672年フランスに脅かされたとき、番小屋は貨幣の鋳造に使用された。それは2年も続かなかったが、この建物と塔はいまでもムント（貨幣鋳造所）として知られている。

　エイ湾の角の塔はスレイエルス（泣く人）塔という名を得た。この名前は、船出する男たちにここで別れの手を振り、泣く女性たちに由来すると言われた。しかし実際は、塔が2つの運河が鋭角に交わる角（スヘルペ・フック）に建っており、「（塔の碑文にある）スレイフック」は、現代オランダ語の「スレイリングス（跨る）」と思われる。

　歓迎されない船はエイ湾にある二重の柵によって市海の外に留め置かれたが、海沿いの堤防とエイ湾の間のラスターへは土の堡塁だけで防御されていた。ここが、アムステルダムの繁栄を築く、活発な産業がある極めて重要な地区であるにもかかわらず、である。

　1512年、ヘルデルラント人の再度の攻撃の後、現在の防衛では不十分だという認識がやっと受け入れられた。独立した塔が建てられ、そこに防御の大砲が据えられた。それから程なく、1578年に市がスペインの束縛から自由になる直前、支配者はアムステルダム人を抑え続けるためにラスターへに城を建設することさえ計画していた。これは白い山を意味するモンテ・アルバノと呼ばれる筈だった。この名前は後に防御の塔に与えられ、モンテルバーンス塔と転訛した。

　1600年以降、古い市壁は新しい壁の内側に入り、これを以て、その本来の機能を失った。古い壁は数ヶ所を除いて取り壊された。残されたものは新たな用途を得た。残存する塔の幾つかには装飾的な尖塔が与えられた。聖アントニス門はワーフ（計量所）に改装され、その前の広場はニウマルクト（新しい市場）となった。前門と主門の間には屋根が架けられた。1692年、主門の上にドームが建設され、その下で外科医のギルドが会合を開いた。煉瓦積み職人ギルドもそこに集会室をもった。

　アムステルダムの防衛は、なお十分に安全ではなかった。17世紀の間に火器が大変強力になったので、煉瓦の壁では抗しきれなくなった。強化のためシンゲル運河沿いの都市の外郭に新たに環状地帯を作り、そこに26の稜堡を持つ土塁を備え、

それぞれに風車が置かれた。新たに5つの市門が建てられた（下図中段、右端の3つは同型）。

1769年、マイデル門の基礎が突然沈下した。新たに建て替えられた門は先の5つの市門のうち、現存する唯一の門である。

19世紀には市壁全体が取り除かれた。

幾つかの部分は公園として使用された。ハールレンメル門は1840年にウィレムス門に建て替えられ、それがウィレムⅡ世の就任式を行った凱旋門である。市門は、もはや防衛機能を失い、主に税徴収所として使われた。1866年には市税が廃止され、市門もその最後の機能を失った。

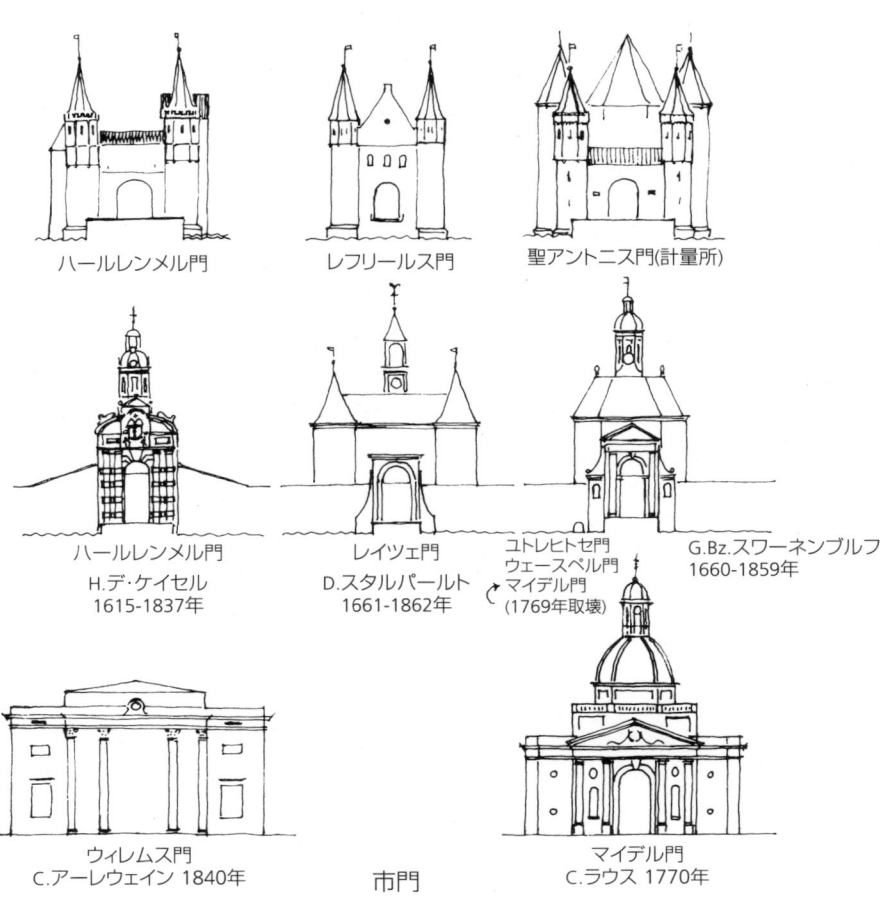

市門

建築様式と建築家
Bouwstijlen en architecten

アムステルダムが誕生した頃に主流だった建築様式は、主に尖りアーチと垂直性によって特徴づけられ、後にゴシックと呼ばれるようになった。この時代の建物は垂直の線ばかりでなく、明確な水平の区切りも持っていた。それは幅木、窓の下の水切り台、各階を仕切る水平の刳形が示している。とりわけフランスやドイツで形成されたような、発達したゴシックに相当するのは唯一、ダム広場に建つ新教会のみである。十字形をした教会堂の中央部分は木造のヴォールト(曲面天井)で、石造のヴォールトを持つ低層の側廊上方に高く聳えている。1645年の火災の後、教会は17世紀の香りに包まれて再建されたが、中世後期の特徴が優勢であることに変わりはない。

旧教会の方はずっと地方特有の形態をもち、このことはトンヘウェルフ(樽型ヴォールト)と呼ばれる木製のアーチ状の天井に特に表れている。この建物は1300年から1560年の間に繰返し増築された結果、調和こそとれていないが、ポルデル・ゴティク(干拓地ゴシック)とでも呼べるような、まさに絵のように美しい地方様式の好例となっている。

1535年頃、古代ローマ建築の形態に立ち返ったルネサンス建築が、アムステルダムでその第一声をあげた。1540年頃に造られた新教会の北面上部では、建築様式がいかにためらいがちに進展するものかを示している。大きな窓は依然として尖りアーチとゴシックを思わせる分割を有しているが、壁面の数ヶ所と隅の控え壁には、円柱、三角形のペディメント(蘭語ではフロントン)、貝殻模様、燭台型の装飾がいくぶん気まぐれに配置されていた。

典型的なオランダ・ルネサンス様式は1535年から1640年の間に発展した。古典的な建築の要素は、いくぶん絵のような建築と統合され、特に黄色い砂岩と赤橙色の煉瓦との対比に表れている。しかし、依然として中世を想起させる垂直性の強調、また半円形あるいは3中心アーチが特有の水平線を分断している。その分かりやすい例は、ヨースト・ヤンス・ビルハーメルが1565年に旧教会の塔のために設計した新しい頂部分である。数多くの小さなペディメントと堂々とした時計の文字盤も垂直性を奪い去るには至らなかった。

紐状様式と呼ばれる独特の要素は、この時期の建築、とりわけ当時の最も重要な建築家であり、また1595年より市の石工および彫刻家だったヘンドリック・デ・ケイセルの作品に顕著な役割を演じた。実際のところ彼は市の建築家でもあり、数多くの教会、公共施設、住宅を設計した。

商業の繁栄と大勢の新しい住人によって膨大な建設活動がもたらされた。古いカトリック教会の内部は新教の礼拝に合うよう改装され、急速に増大する人口に応

じて市域を拡張する際には新しい教会が建てられた。その一つが1668年、アムステルフェルトに臨時に建てられた木造の仮設教会、アムステル教会である。これはその他多くの仮設建物と同様、今日でも建っている。

　1630年頃、ヤーコプ・ファン・カンペンといった建築家たちがイタリアでの研究

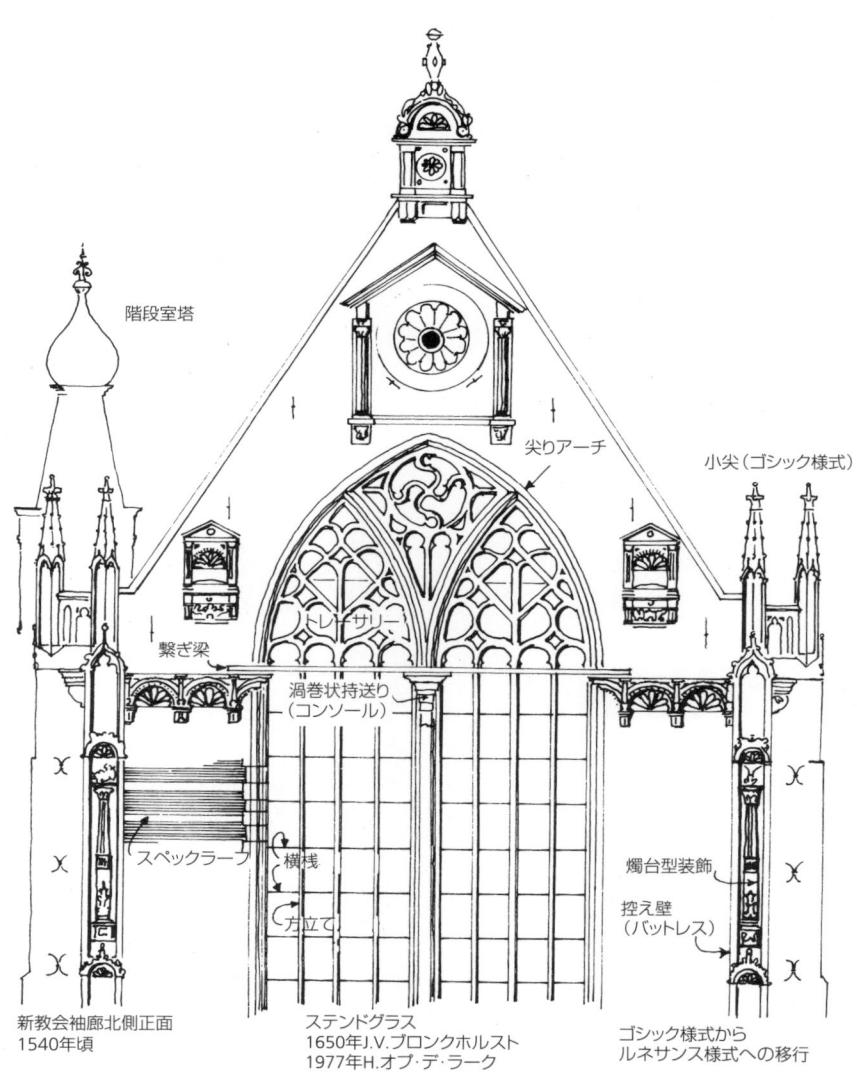

旅行から戻り、彼らの影響に基づいて非常に厳格な建築様式、オランダ古典主義が発現された。この建築様式の理想は単純な比例を持つ、左右対称の設計だった。彼らはこれに古典的な付け柱すなわち壁から幾分飛び出ている四角で平らな柱を加えたが、これは時に複数の階を貫いて伸びた。ダム広場の王宮は、この様式の最も重要な例の1つだが、その他にもとりわけ建築家フィリップスとユストゥス・フィングボーンズ兄弟による住宅の正面に見出すことができる。

古典主義建築に属する柱は、基部から上に向かって、ドリス式、イオニア式、コリント式、コンポジット式の厳格な規範に従っている。しかしこの規則はしばしば軽視された。例えばヤーコプ・ファン・カンペンは、王宮の上2つの階にコンポジット式の大オーダーを与えたが、その上にはコリント式の付け柱を載せた。

わが国の古典主義様式が古代ローマ建築の要素を用いたことから、奇妙な衝突が起こる。例えば古代ローマ人たちは約22度の屋根勾配に馴染んでおり、正面を三角形のペディメントで塞いだ。雨の多い我々の気候では、勾配が50度ないし60度に達する必要がある。それでもオランダの建築家たちはペディメントを使用したが、それは単なる飾りであった。こうして幅の広い古典主義様式の建物の正面にペディメントが付いたが、その上に本物の屋根が立ち上がっている。19世紀に亜鉛が手ごろな価格になると、緩い屋根勾配が可能となり、「ローマ風」の勾配の屋根をもつ建物が建てられた。

1665年以降、アドリアーン・ドルツマンは付け柱や水平の刳形をもたない、大規模で間口の広い住宅を初めて設計した。この建築は律動的な窓の配置によってすべてが決定づけられている。正面の壁の頂は、依然として古典的な建築様式に則って水平のコーニスで終わっている。

ドルツマンは新しい時代をもたらした。以来、住宅の正面は、常にその時流行している様式の要素を用いて飾り立てられるようになった。早い時期の正面には未だ後期古典主義が見られるが、17世紀末からはフランス国王の影響が認められ

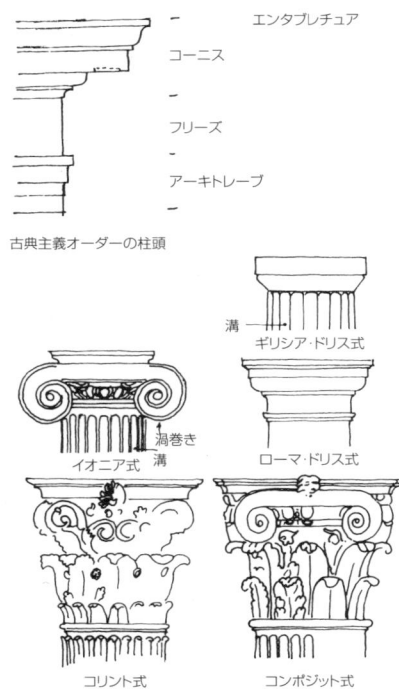

古典主義オーダーの柱頭

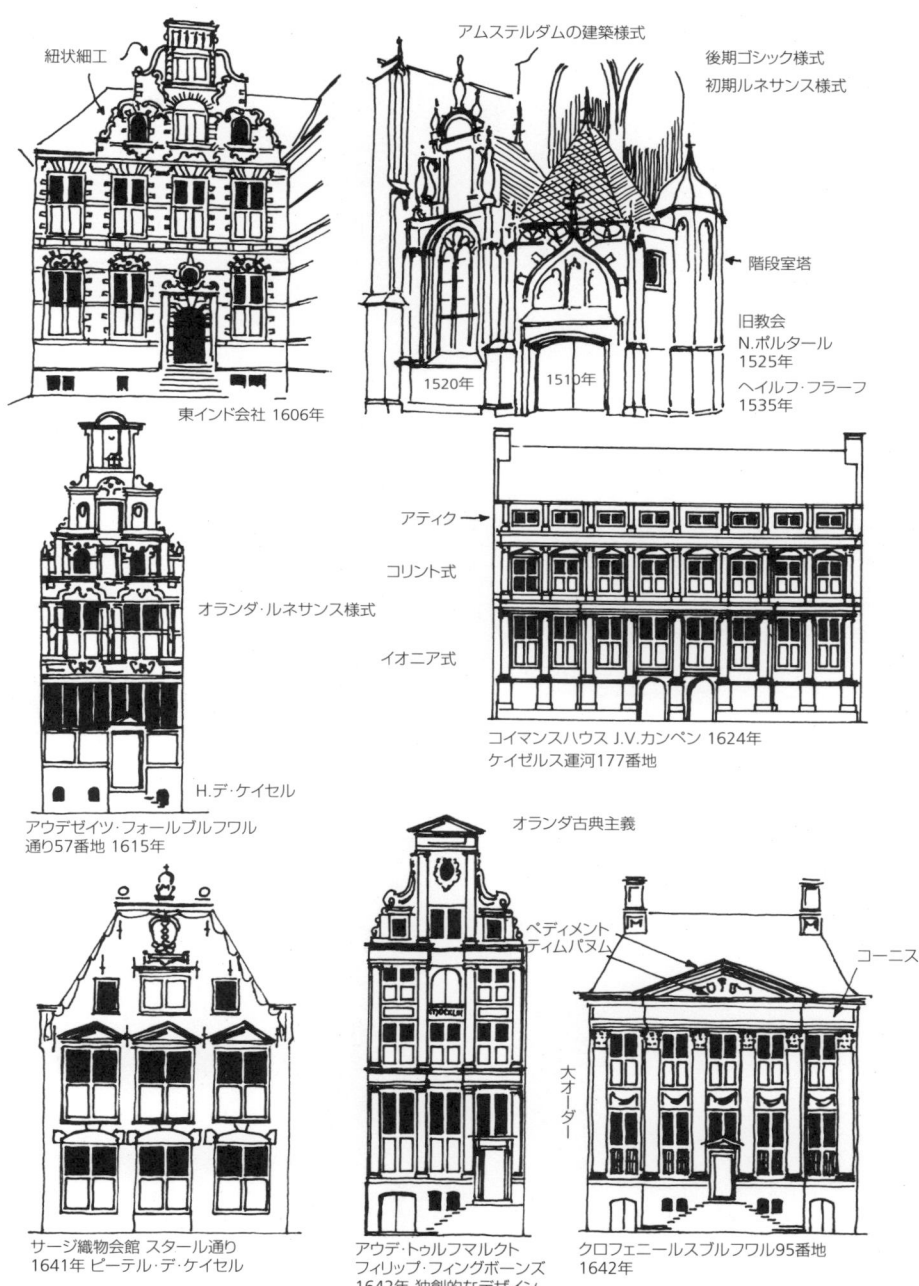

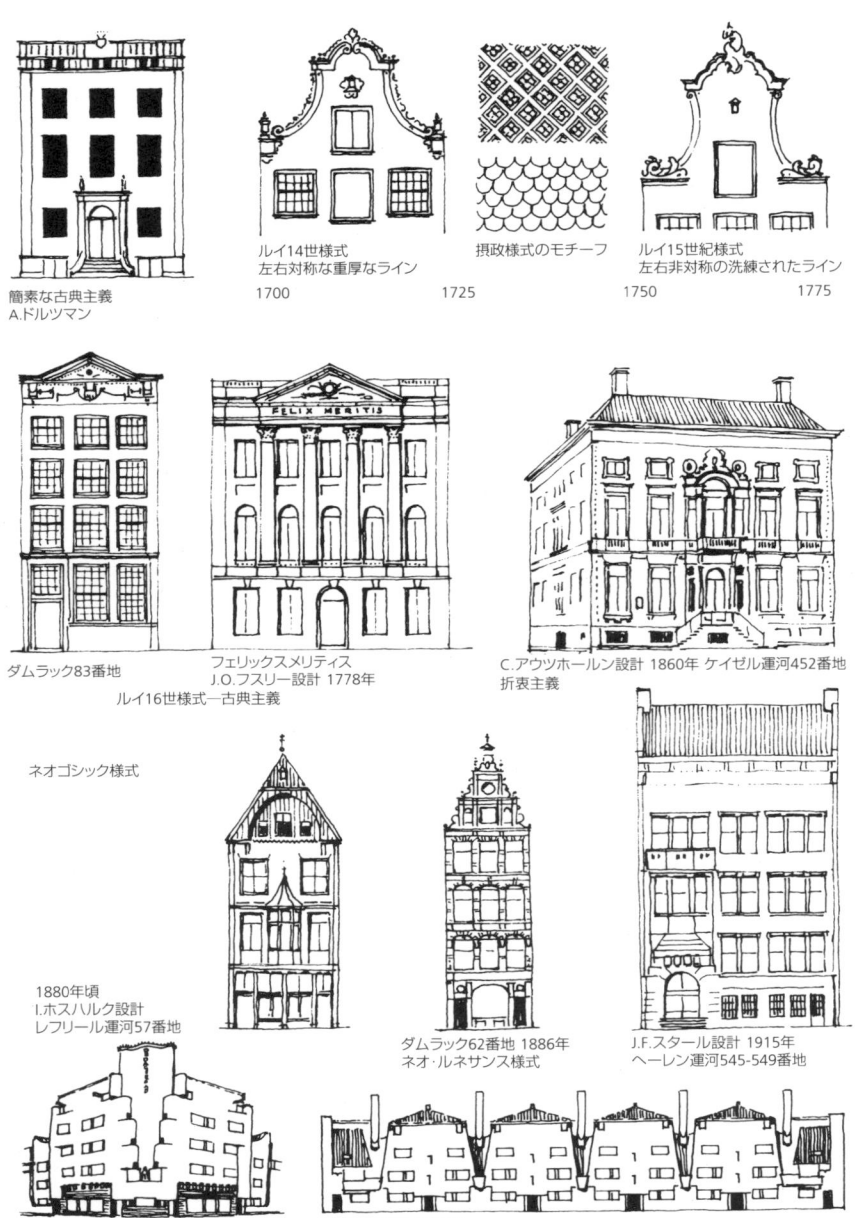

る。ルイ14世様式は左右対称の渦巻き装飾によって見分けることができる。1725年頃、縁と渦巻き装飾の間は、ルイ14世とルイ15世の間の摂政在位期間における様式に従いワッフル模様や鱗模様で埋められた。これをレジャンス（仏語：摂政様式）と呼ぶ。

1750年頃より、フランスからさらに優美な様式が浸透して来た。渦巻き装飾は線がより洗練され、棟飾りはまるで風に吹きやられたように非対称である。この様式はルイ15世様式と呼ばれる。貝殻模様がしばしば用いられたが、フランスではこれをロカイユと呼んでいた。そこで、この様式はロココとも称された。

しかし贅沢の後は、倹約が生じる。1775年頃には、再び古典的な形態を伴い、建築に険しさが表れてきた。この新たな展開が最初に見られたのは、ピンと張った花綱模様と厳格な古典的コーニスを伴ったルイ16世様式だった。

ナポレオンによって吹き込まれたアンピール様式が、わが国で殆ど発生しなかったのは、フランス支配の間に繁栄が著しく衰退してしまったからである。

19世紀の前半は何よりも新古典主義様式が支配的だった。この世紀の後半、多くの建築家はもっと以前の様式に立ち返ったが、しかし皆が同じ様式の要素を用いたわけではなかった。これがネオ・ゴシック、ネオ・ルネサンス、ネオ・クラシシズムなどのネオ（新・復活）様式へと導いた。歴史的な装飾と新しい着想の結びつきがまた新たなる様式、折衷主義をも生み出した。

当時の著名な建築家はP.J.H.カイペルスとA.L.ファン・ヘントであり、彼らは典型的なネオ様式建築である国立博物館、中央駅、音楽堂の設計者だった。

ヘンドリック・ペトゥルス・ベルラーヘは折衷主義の設計で登場した。しかし彼は1900年頃、証券取引所において先駆的な仕事を成した。これは煉瓦、石、鋼鉄などの建築材料を正直に、そして見て分かるように使用することで模範となった。

彼の建築は当時の設計を先導した。そこでは煉瓦が重要な役割を果たしたが、その筆頭はアムステルダム派（1910～1940年）だった。M.デ・クレルクやP.クラーメルといった建築家たちは煉瓦、木材、鉄をありのままに形作った。彼らの場合すべてのことが形態に寄与するので、その結果しばしば施工が悪かった。後になって煉瓦壁と窓の防水がいかに不十分だったかが明らかとなった。彼らは労働者住宅に多くの関心を払った。アムステルダム市は多くの学校と橋をこの様式で建てさせた。

鉄筋コンクリート造と鉄骨造の到来により、1920年以降は材料、構造、空間を機能的に使用することから出発する建築が発達した。この厳格な建築方法は主にニウェ・バウエン（新建築）またはニウェ・ザーケルクヘイト（新即物性）と表現された。

ダム広場
De Dam

1380年頃、アムステルダムの中心部には現在のような大きな広場はなかった。当時の都市拡張によって、最古の市壁が建っていた場所の空間が空いた。ホラント伯ウィレム6世の銀行家、顧問弁護士、財務官だったウィレム・エーヘルトは、ニウェンデイクとニウェゼイツ・フォールブルフワルの間にある彼の庭園を、新しい教会建設のため利用できるように計らった。1450年頃完成し、聖カタリーナに捧げられたこのゴシック様式の教会は、今日でもなお新教会と呼ばれている。教会は数度にわたって拡張されたが、ついに塔は与えられなかった。教会の南側には墓地があり、16世紀まで埋葬されていた。

1540年頃、アムステル川に最初のダムが完成したが、海水は依然としてこの場所まで自由に入り込んでいた。小船と漁師は、町の中心部やアーチ状のダムスライス（水門）の上にある魚市場で商品を売るために、ここで荷を降ろすことができた。ダムの西側にはプラーツと呼ばれる小さな広場があった。そこには開放的な列柱ホールと塔をもつ市庁舎が建っていた。都市の成長は、市当局にも空間の不足をもたらし、拡張の必要から市庁舎の裏の病院が買い上げられた。

1565年にはダムラックとニウェンデイクの間の多くの家が取り壊され、小さな広場にさらに空間が生じた。この場所に、商品を計るワーフが建てられた。新教会と市庁舎のゴシック様式とは対照的に、計量所はオランダ・ルネサンス様式で登場した。

1609年、ローキンの上に、ヘンドリック・デ・ケイセル設計による証券取引所が建てられた。商品は中庭と回廊で扱われ、その他の取引も行うことができた。

1645年、新教会は屋根の上で鉛の雨樋をはんだ付けしていた配管工の不注意によって全焼した。すぐ再建に着手し、3年後には完成した。教会には塔を与えるつもりで4本の重厚な柱を建てたが、それより先には進まなかった。このうち2本は1783年に取り壊された。（教会の前の）フォールブルフワルには殆ど空間が残されていないので、非常に幅の広い橋ドンケレ・スライスが架けられた。

新教会が再建されると、古い市庁舎の裏側に市政府のための新しい大規模な建物の建設が開始されたが、これはヤーコプ・ファン・カンペンの設計による厳格な古典主義様式だった。2、3年後旧庁舎が焼失したため、新庁舎は急ぎ完成され、1655年には使用が開始された。周辺のすべての建物が取り壊されたため、新教会もダム広場に面することになった。双方の建物は、都市の心臓部に甚だしい規模拡大をもたらした。1776年、計量所の欄干が撤去され、新しい屋根が取り付けられたが、1808年までダム広場周辺での広範

囲な開発はなかった。その年、ルイ・ナポレオンがホラント国王となり、首都に宮殿を求めた。市には新たに建設する資金がなく、(臨時に)市庁舎を献上した。国王に広々とした眺望を供するために、計量所は取り壊された。今日まで、オランダ王家はかつての市庁舎を王宮として使用し、新国王は新教会で就任式を行ってきたのである。

その間ずっと、市政府はアウデゼイツ・フォールブルフワルとアハテルブルフワルの間、かつて海軍本部の在ったプリンセンホフで間に合わせなければならなかった。市は1987年になってようやくアムステル川に面した新庁舎を手に入れたのであり、それは歌劇場と一体となっていてストペラ（スタットハイス：市庁舎＋オペラ）と呼ばれている。

アムステル川に建設された証券取引所の基礎が深刻な沈下を始め、1838年には取り壊しが避けられなくなった。ダムラックのダム広場に近い部分が埋め立てられた結果、水辺はもはやダム広場まで届かなくなった。ここにハールレム出身

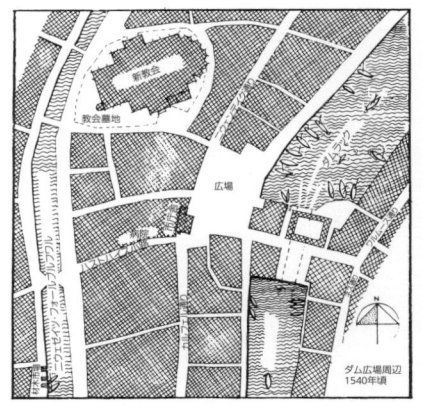

ダム広場周辺
1540年頃

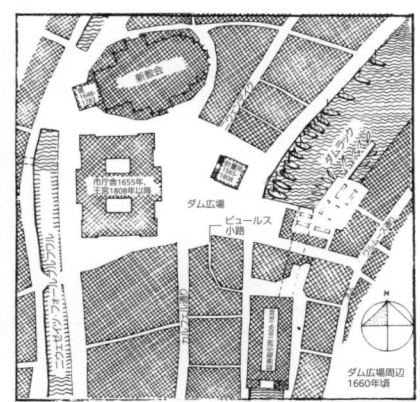

ダム広場周辺
1660年頃

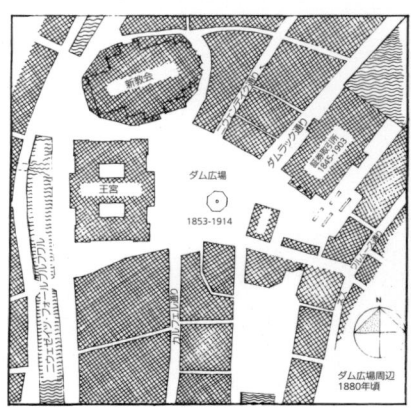

ダム広場周辺
1880年頃

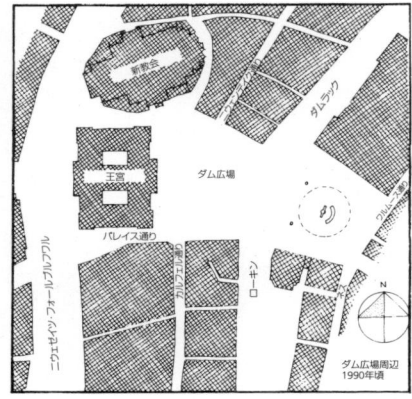

ダム広場周辺
1990年頃

の造園建築家J.D.ゾッヘル設計の新証券取引所が建てられた。

　1830年のベルギーに対する戦役の記念碑として、1853年、ダム広場の中央に像が建てられたが、すぐさま「ナーチャ（女性の名だが、どうしようもないという意味もある）」というあだ名が付けられた。建築家はH.M.テタール・ファン・エルフェンであり、彼の父は王宮の周囲に今でも立っている堂々とした6本の鋳鉄製の街灯の設計者だった。1900年から1914年の間に大きな変化が起こった。この期間にダムラックの次の区画が埋め立てられ、ベルラーヘ設計の新しい証券取引所の建設が始まった。1903年に新証券取引所が使われ始め、旧証券取引所は取り壊された。

　1912年頃、広場周辺の殆どすべての古い建物が取り壊された。あの独立記念の

ダム広場1600年頃

ダム広場1780年頃

像は片方の腕を失い、民衆には「片腕のナーチャ」と呼ばれていたが、路上電車に場所を譲らねばならなかった。かつてはアーチ状のダムスライス（水門）があったが、これもダム広場を大きくするために取り壊された。第二次世界大戦後は戦争の犠牲者を追悼して国立記念碑が建てられた。このようにしてダム広場はオランダの国民的な広場に発展したのだった。

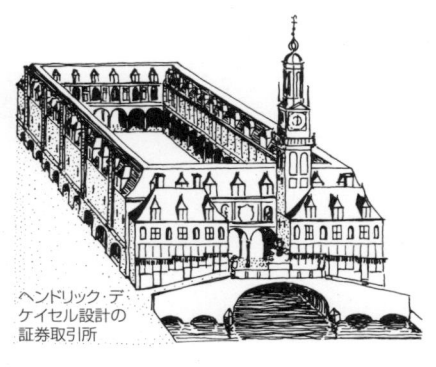

ヘンドリック・デ・ケイセル設計の証券取引所

ナーチャ

ダム広場1903年　　ベルラーへ設計の証券取引所　　ゾッヘル設計の証券取引所　　司令官邸

赤い雄鶏（火災）
De Rode Haan

　初期の住宅は木造で、屋根は葦や藁葺きだった。居住空間中央の床で、食事の支度や暖房のために火を焚くだけだとしても、火災発生の危険が極めて高い。ちょっとした火の粉でも街区一帯を灰燼と化すに十分だった。15世紀の2度にわたる都市火災の後、市の長老たちは厳しい規則を公布した。これはキューレン（条例）と呼ばれ、市当局の願い（ウィル）が「ウィレ・キュール」となった。

　それ以降、住居は煉瓦造の側壁を持ち、屋根は不燃材で葺かねばならなくなった。そのための補助金も支給された。依然として藁葺き屋根のところは、粘土で覆わなければならなかった。1521年の規約は、残るすべての木造住居を煉瓦造の家屋に建て替えることを要求した。しかし正面だけは木造が許された。

　旧教会は一度も火災にあわなかったので、14世紀から16世紀にかけての非常に珍しい屋根が無事に残っている。教会の内部は鉄の礼拝堂とも呼ばれ、市の公文書が燃えずに保管された。この公文書の古い記録から、16世紀半ば以降、2つの住居の間には「オーセンドロック（旧いオランダ語）」のために少なくとも70cmの隙間を取らねばならなかったことが読み取れる。屋根の雨水はその中へ入り、流れ出ることができた。また側壁はハウダ煉瓦で、18cmより薄くてはならなかった。

　火災の消火方法は永きにわたって原始的なものだった。人々は各地区の所定の場所に置かれた革のバケツを用いて、運河の水を掬った。人々は長い列をなし、満杯のバケツを火の所まで手渡した。燃えている部分を取り壊すためには、特別の鉤が使用された。

　1672年、アムステルダムの画家ヤン・ファン・デル・ヘイデンが亜麻布製のホースを考案し、これによってようやく炎の上に直接水をかけることが可能となり、消火活動はかなり容易になった。彼の発明は後に吸上げポンプを応用することで完成した。それでも18世紀末までは、それぞれの地区の家々には消火用のバケツが置かれていた。それは1870年、市が馬4頭に引かせる蒸気式消防ポンプを入手するまで用いられた。

　タールの倉庫がプリンセン島に建てられたように、火災の危険の高い倉庫は、できる限り町の周辺に建てねばならなかった。それでも多くの倉庫がローデ・ハーン（赤い雄鶏、赤い鶏冠が炎を思わせる）の生贄となった。アムステルダムで最も美しい倉庫、アウデ・スハンスのデ・コーレンドラーヘルは、焼け落ちた1949年当時コルクの貯蔵庫だった。

　重要な建物が定期的に焼失した。17世紀半ばには何と2つの建物が相次いで全焼した。まず最初に配管工の不注意によって新教会が、次いで7年後にダム広

場の旧市庁舎である。1772年の火災ではケイゼルス運河沿いの劇場に順番が回り、1890年にはレイツェ広場の新しい木造の劇場も焼け落ちた。17世紀の海軍兵器庫、現在の海洋博物館は1791年に炎に包まれたが、すぐに再建された。1822年にはロンデ・ルテールセ（丸いルター派）教会がすっかり焼けた。再建されるにあたって、教会の誇る銅葺きの丸屋根を得た。

　20世紀にも数多くの重要な建物が火災によって失われた。1929年の厳冬、フレーデリクス広場に建つフォルクスフレイト宮が炎の犠牲になった。これは主として鋳鉄とガラスによって造られ、かつてユトレヒトセ門があった場所に建っていた。今では、この場所にネーデルラント銀行が建っている。ベルラーへの設計でダムラックに面して建つC&A（デパートの名称）の建物は1963年の冬に、また市で最も古い建物の一つだった中世後期の聖オロフス礼拝堂は1966年に焼け落ちた。この最後の火災では、建築を倒壊から守るべき柱の溶接作業が原因という結果となってしまった。礼拝堂は1992年に再建された。

1645年の火災後の新教会

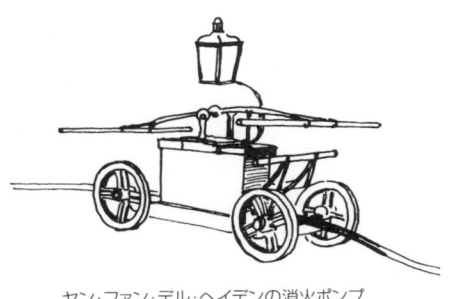

ヤン・ファン・デル・ヘイデンの消火ポンプ

革製の消火用バケツ

水門
Sluizen

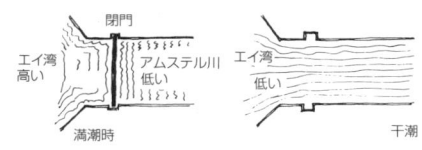

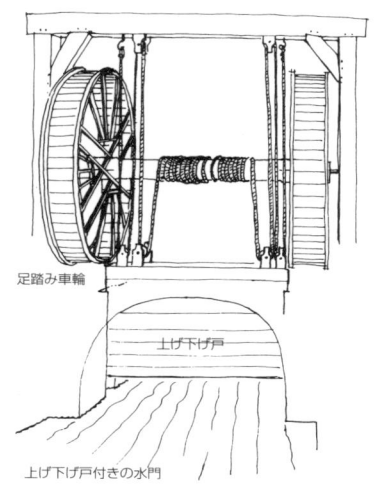

最初の水門はとても単純だった。それはダムの四角い開口部に木製の上げ下げ戸が付くという構造だった。海水位が低い時には、滑り戸を持ち上げて内側の余剰の水を排出させることができた。これをスパイエン（流しだす）と言い、こういったスライス（水門）をスパイスライスと呼ぶ。その水が流れ出る勢いが、泥で港が埋まることを防いでいた。こういった水門の戸は太いロープによって回転軸から吊るされている。大きな戸なので重労働ではあったが、てこ棒で軸を回すことができた。戸の引き上げを楽にするために、両端に大きな車輪を作り、その中を人が歩けるようにすることもあった。人が前に歩くと、足元の輪が回転し、巻き上げロープが回転軸に巻きついた。

この種の水門がダム広場、聖アントニス門、ハールレンメル門にあった。またアウデゼイツおよびニウェゼイツ・ブルフワルでもこの方式でエイ湾に水を排出していた。

後に、水門の戸は普通のドアのように垂直の軸で回転するように作られた。大きな水門になると2枚の扉をもち、それぞれの先端が合わさる。巻き上げ機に付いている長い棒が扉を動かし、水位の高いとき

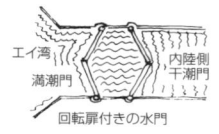

には閉じることができる。海水や内陸の水が上昇する圧力によって、扉が閉じるという水門もあり、これは干潮・満潮扉と呼ばれる。

扉と扉の間の空間に船を残す閘門というものもある。この空間は閘室と呼ばれ

る。この水門は水位を合わせるように設計されているので、船が航行することができる。両方の扉を閉めて、閘室の水位を船のいる側の水位に合わせる。その後、片方の扉を開き、船を閘室へ入れる。再び扉を閉め、船のいる閘室の水位を反対側の水位に合わせる。

　アムステルダムの干拓地とエイ湾を直結する水路には、16世紀まで閘門の建設はなされなかったらしい。17世紀後半、アムステルダムの大規模な治水活動の一環として、アムステル川に閘門が建設された。

　アムステルダムの運河の水は、家庭からの廃水も出されるため、非常に清潔というわけではない。昔も今も、水門の組織網は、毎日運河を洗い流すのに活用されている。エイ湾の水によっても流されるので、アムステルダムの運河の水はしばしば塩水だった。ブラシでごしごし磨いたり、また窓を洗い流す水は通常運河から取った。このことが長い間には、煉瓦壁や窓ガラスにとって良くないのだが、それは塩の害のためである。飲料水は平底荷船によって運搬された。

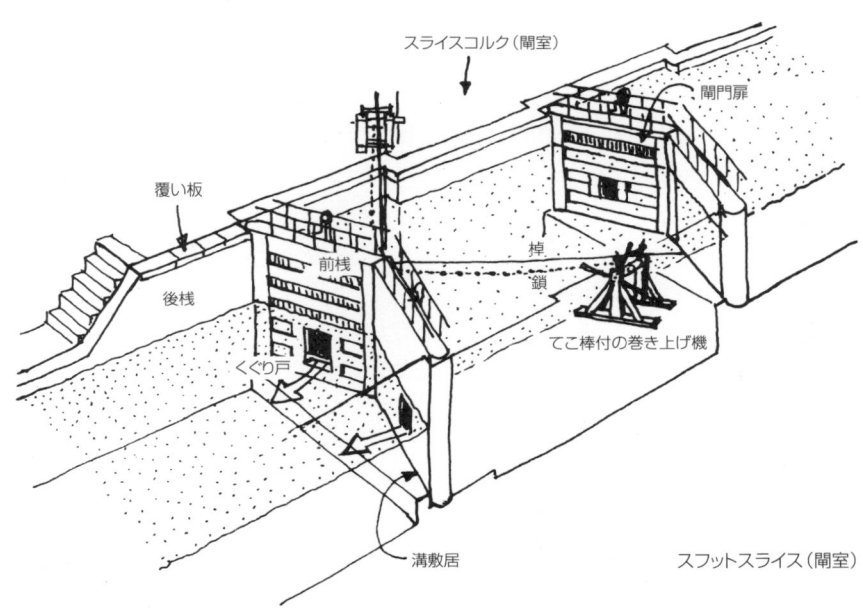

橋
Bruggen

　川と多くの運河を持つ都市において、橋は無数の島々の間に、不可欠な環を形成している。初期の橋は歩行者だけのものだった。後になって手押し車、馬車、そりによる運搬が登場した。現存する1544年のアムステルダムの木版画では、35の橋が数えられる。現在は1300あり、そのうち113に名前がついている。

　最古の橋は木造の桁橋だった。斜めに立つ2本のナラ材の柱とその上に横たわる梁で構成されるユックが、何基か水中に打ち込まれている。さらにユックからユックへと桁を架け、その上に道路面が釘打ちされた。最後のユックと岸壁の間は、しばしば側面も板で囲い、船小屋や貯蔵庫として使用した。

　商業都市アムステルダムでは商品の運搬は水路によって行われた。船は橋を通過できなければならないが、マストを下ろすには手間がかかるので、多くの場合はマストを上げたままだった。例えばダムラックの場合、沈黙のユトレヒト塔および涙の塔付近のクロフェニールスブルフワルでは、橋の中央に隙間が設けられ、これを折りたたみ式の仕切りで塞ぐことが可能である。これは「オールハット」と呼ばれている。このオールハットは馬車がその上を通行するのに適していない。そこで16世紀の初めには、すでにあちこちの主要道路に跳ね橋が建設されていた。幅広の船が橋を通過しなければならない場所では、2つの跳ね上げ部分を持つ両開きの跳ね橋が造られた。アムステル川に架かるマーヘレ橋はその例である。マーヘル（薄い、痩せた）とは、この場合「狭い」を意味している。

　市門の前には固定した橋を造ることはできない。何故なら敵が妨害を受けずに運河を超えて侵入できてしまうからである。そこで橋の固定部分と門の通路の間を離し、そこに跳ね上げ部分を架けた。

　木造の橋は、しばしば塗られた色から名前をとった。現在の市庁舎兼オペラハウス近く、アムステル川に架かっていた橋が青い色だったので、豊かに装飾された19世紀の石造の橋も、今もってブラウ（青い）橋と呼ばれている。

　水から上の木部は常に腐るので、橋は頻繁に修理しなければならなかった。石の橋が造られるようになって、大きく改善された。その基礎を造るためには、水を堰き止め、それをポンプで汲み上げ、杭打ちを行う。その後、最初の煉瓦層を水面下に積む。橋脚の周囲に再び水を戻した後、橋の残りの部分が積まれた。橋脚の間には煉瓦と砂岩でアーチが架けられた。その上に砂を放り込み、舗装用石材が敷かれた。アムステルダムではこうした背の高い橋がスライスと呼ばれたが、このこととスパイスライス（流し出す水門）やスフットスライス（閘門）とは関係がな

い。かつて塁壁の塔（ヤン・ローデンポールツ塔）が建っていた場所にあるトーレン（塔）・スライスや、市壁がアムステル川を横切る場所に建つホーヘ（高い）・スライスが知られている。

　1860年頃、このホーヘ・スライスは2つの可動部分を備え、豊かに装飾された鉄桁の橋に替えられた。路面電車は無論のこと、動力化された車両が高い「猫の背」を乗り越えられないため、他の多くの橋も鉄製の桁橋に架け替えられた。しかしアムステル川やレフリールス運河沿いでは、いまでも昔を偲ぶことができる。

　アムステルダムで最も幅の広い橋は、現在のムント広場を形成している。レフリールス門の前に木造の跳開橋が架かっていたが、1635年に石造アーチの橋に付け替えられた。それは1876年に敷設された鉄道馬車が、急な坂を上れないことが明らかとなるまで残された。この橋はさらに幅が広く、もっと低い鉄製の桁橋に替えられ、以来たびたび思い切った拡張がなされ、現在の幅70mに至っている。

　19世紀には非常に美しい鋳鉄製の橋が建造され、その幾つかが現存している。跳開橋もまた鉄で造られた。1955年頃、そのうちの1つが拡幅される必要があった時には、比較的軽いアルミニウムの跳ね上げ板が与えられた。

　1940年以前、アムステルダム派の時代には、多くの橋が素晴らしい煉瓦積み、彫刻、精巧に鍛造された欄干などによって豊かに装飾された。それらは都市の風景の中で極めて特異な位置を占めている。

　現在のアムステルダムで、船の航路にある可動式の橋はたいてい天秤型橋の変形で、跳ね上げ板に釣り合わせる錘が通行用甲板下の地下室に収められている。また4本の塔の間で、橋の甲板全体が持ち上がる、昇開橋も幾つかある。

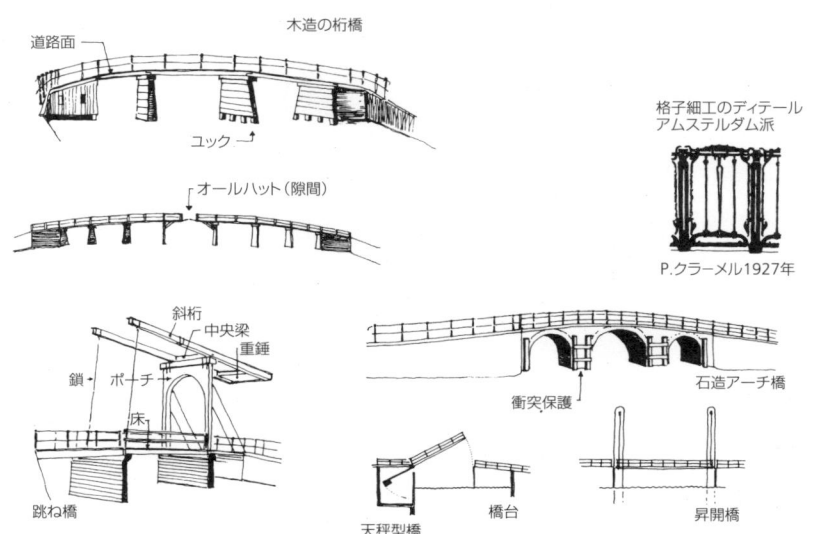

開放的なエイ湾と埋め立て
Het Open IJ en dempringen

　原始のエイ湾は、フレフォ湖とサントフォールトの間にある干潟の水路で、干潮と満潮時には自由な流れがあった。1000年頃、ノールトゼー（北海）沿岸への出口が砂で埋まり、砂丘の列で封鎖された。そしてザイデル海の入り江としてエイ湾が形成された。それは開かれた海のままであり、潮の干満が活発だった。アムステルダム内のダムラックにも干満が認められ、またヘルデルセカーデ沿いの水やラスターへの水路も海に通じていた。町のこのあたりは、今日のヴェニスに見られるような状況だった。

　17世紀後半、市の殆どの区域はエイ湾岸沿いに設けられた水門によって、開放的な海から封鎖された。ダムラックのエイ湾側には木造のニウェ（新しい）橋が架かっていた。これは17世紀末には煉瓦で再建され、水門も備わった。一番外側のシンゲル運河の淡水は、町の東側と西側で、煉瓦積みの堰によってエイ湾の塩水から隔てられていた。これは干潮時に干拓地の余分な水を排水できるように、閉じることができる開口部を収めていた。

　すでに16世紀には、打ち寄せる波を砕

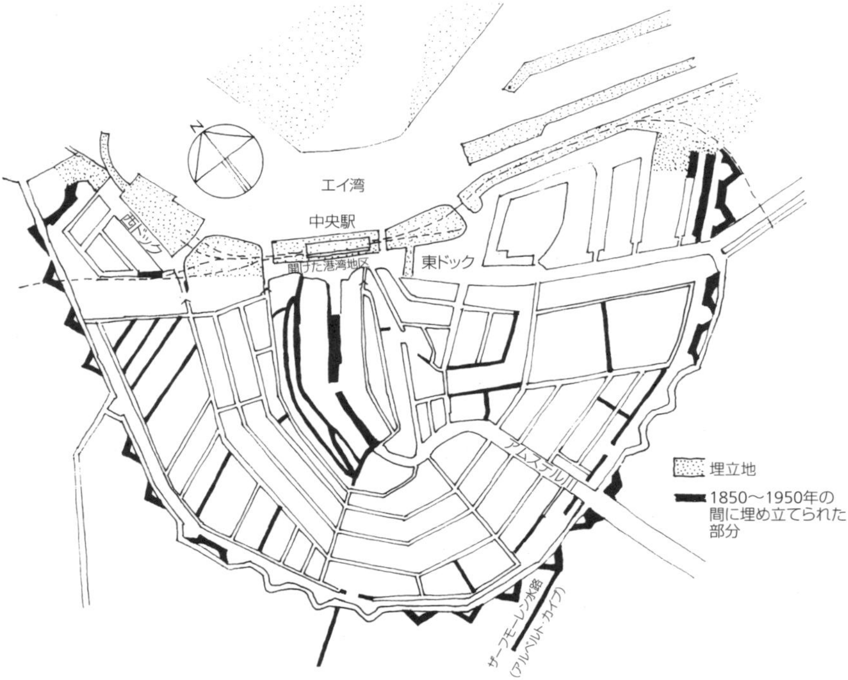

き、好ましくない侵入者を外へ押しとどめるために、エイ湾に杭の列が打ち込まれていた。しかし1731年に突然大量の貝が発生し、この貝類が木の杭を食い大きな穴をあけた。以来、杭の囲いを維持することは困難となった。

開放的なエイ湾に面する特異な立地が、アムステルダムを傑出した臨海都市にしている。商品の運搬は殆どすべて運河を通る水運により、運河沿いには倉庫や商人たちの住居が建てられた。

しかし17世紀末、ザイデル海にパンプスと呼ばれる砂州が形成されるという大きな問題が生じてきた。これが港を完全に封鎖してしまう恐れがあった。船は満潮時のみ、この障害物を越えて航行することができた。しかし「船の浮き箱」の発明のお陰で、解決策が見出された。これは一種の浮きドックで、水を満たしたりポンプで空にしたりして、水中に低くもあるいは高くも止まることができる。まず進入しようとする船の両側に満水の浮き箱を固定して、それからポンプで空にする。すると船は浮き箱とともに浮き上がる。船と浮き箱は二艘の小さな帆船に曳かれ、引き続き航行し砂州を乗り越えてエイ湾に到着する。しかし、もし風が反対の方向から吹けば、時にはパンプスで数日留まらなければならなかった。このことから「パンプスの前に居る」という表現は、酒の飲み過ぎやその他の理由で、人が先へ進めないことを指す。

しかしながら砂の堆積は続いた。19世紀初頭、エイ湾からノールト（北）・ホラント州を縦断する水路、ノールトホランツ運河（デン・ヘルデルへ通じる）を掘る決断が下された。そこを船が馬に曳かれて通り抜けた。

1825年、ノールト・ホラント州に氾濫をもたらした嵐の増水は、アムステルダムの防衛を改善する契機となった。直ちに、潮の干満に影響されない区域の建設が開始された。エイ湾を横切って、東の島と西の島を結ぶ堤防が築かれた。この内側の両端には東ドックと西ドックの開かれた水域が控え、水門によってエイ湾から隔てられている。西ドックの建設中、地盤が頼りにならないという深刻な不運に見舞われ

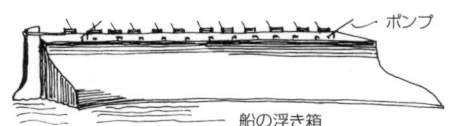

ポンプ / 船の浮き箱

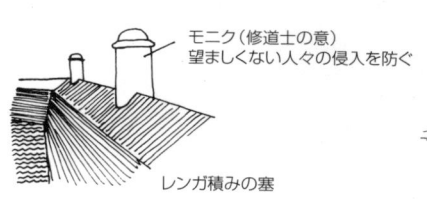

モニク（修道士の意）望ましくない人々の侵入を防ぐ / レンガ積みの塞

航海船につけた浮き箱

た。水門が建設されるはずだった環状の堤防が何度か深みに消えた。馬が駆動する水車によって、基礎溝を干上がらせることを開始した。

エイ湾は、水流の速さを強めて堆積を防ぐべく、堤防によって狭められた。港には引き続き、最大級の船舶がノールトホランツ運河を経由して到達可能だった。

1870年頃、エイ湾は水門を備えたダムによってザイデル海から閉じられた。ダムで堰き止められたエイ湾の中央を通って、アムステルダムから北海まで運河が掘られ、周辺の湖は干拓された。（北海側の）砂丘の列を掘り抜き、水門が建設された。

ノールトゼーカナール（北海運河）の開通は、繁栄を導き都市に深く関与した。建物や増大する交通のために、ますます水辺が侵略された。19世紀と20世紀前半には多くの運河が埋め立てられ、エイ湾の一部も鉄道と港湾の作業のために埋め立てられた。1876年から1890年にかけて、エイ湾の3つの新しい島の上に鉄道が敷かれ、その中央の島に中央駅が建設された。これによって街からエイ湾への広々とした眺望が消滅した。しかし、駅前の水域は残り、今でもオーペン・ハーフェンフロント（開けた港湾地区）と呼ばれている。

それ以前からヨルダーン地区では、すでに交通のためばかりでなく衛生状態の改善のためにも、埋め立てが始まっていた。この地区は1857年から1895年にかけて多くの運河を失ったが、その幾つかは通りの名称、例えばローゼン運河、エーランツ運河などから知ることができる。

この頃から、町中の運河が急速に埋め立てられたが、1900年以降その速度は鈍った。しかし1960年代、警視総監カースヤーヘルはシンゲル、駅前の水域、レインバーンス運河、そしてシンゲル運河すべてを埋め立てる計画を立てた。だが、幸いにもその計画は実行されなかった。

埋め立てた土地は長期間にわたり沈下し、この上に建てた場合、基礎杭の上の新しい土が圧迫されて沈下を起こす。過去に、オランダ西部の建設業者が劣悪な地盤状態を考慮しなかったため、多大な問題を生じたことがあった。

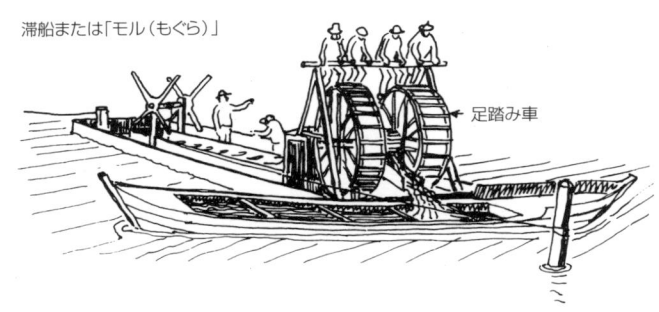

滞船または「モル（もぐら）」　　足踏み車

建設地盤の準備
Bouwrijp maken van grond

アムステルダムは特に地下水位の高い、湿地に位置している。住めるような土地にするには、地盤を高くしなければならない。1600年以降、都市の拡張が開始された時、新しい運河を掘削する際に掘られた土が、そのまま建設用地を高くするのに用いられた。これは「アーンモデレン（不真面目な仕事）」と呼ばれ、土は、浚渫機によって古い運河やエイ湾からも集められた。都市拡張の構想は後になるほど広範囲となり、さらに多量の良質な土を必要とした。

1625年頃、アムステルダムの有力者がヒルフェルスム南部の砂を掘る権利を獲得した。これは特別に建設された水路を通って平底船でアムステルダムへ運ばれた。富裕なアムステルダム市民は、整地した土地にスフラーフェラント村を建設し、豪華な邸宅を建てさせた。1634年の規則によると、砂の運搬船は西側の島の1つ、レアーレン島のエイ湾側、ザントフークでのみ荷をおろすことが許された。

19世紀になるとガス、上水道、下水道、電気、電話など、あらゆる設備が登場した。導管や電線は地中に埋設されなければならず、そのためにも厚い清潔な砂地を必要とした。

1915年から1930年過ぎまでの間、アムステルダム・ザイト（南）を高くするために、とりわけオリンピック競技場のために、当時エイマイデンの水門があり、現在はノールデルスライス（北の水門）とホーフオーフェンス（溶鉱炉）がある場所の北部から砂が入手された。その後、砂の需要が著しく増大したので、ネーデルホルスト・デン・ベルグ、コルテンフーフ、フレーラント付近の湖からも運ばねばならなかった。砂は吸い上げられ、船でアムステルダムへ運ばれ、さらに列車で建設地に運ばれた。戦後すなわち1945年以降の砂の採掘はポンプにより容易になった。大がかりな砂の吸上げ機によって、スローテル湖やフィンケフェーンの湖の水深30mもの深さから吸引されたのち水と混合され、遠い目的地に向けて押し出された。

砂には利点も欠点もある。上に加えられた砂の層は、その自重で下にある泥炭と粘土の層を圧迫する。さらに地下の層が建物の下の杭を挟んで締め付ける。これを「負の粘着」と呼ぶ。もし杭が正しく砂の層に打ち込まれていないと、沈下を引き起こす結果となる。そうなると、その上の家も沈下する。1900年頃建設された住居地域では、この現象を明白に見て取ることができる。長い壁の列が、静かな海の表面のように波打っているのである。

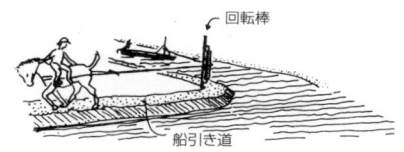

17世紀の砂の運搬

建物の基礎
Funderingen

　アムステル川の堤防沿いに建てられた最初の家々は、軽い木造の建物で基礎を持たなかった。それは泥炭の中に沈下してゆくので、絶えず引き上げられた。この種の住居の主要構造は、柱と梁によって構成されていた。柱は湿った地盤に埋め込まれるので、下の部分がすぐに腐り始める。14世紀には改良がなされた。木の柱を煉瓦積み台の上に据えたのである。煉瓦造の建築、特に13世紀頃の最初の教会は、もっと堅固な基礎を造ることが必要だった。軟弱なアムステルダムの地盤にとって、重い壁を支えることは全く不可能だった。まず、壁自体の厚さより少し広い、深い溝が掘られた。その両端に細いハンノキの幹（スリート：粗朶）が敷かれた。その間に、長さ約2mの杭がぎっしりと打ち込まれた。このような軟らかい地盤での杭打ちは、二人の男が重い木槌を用いて手作業で行ったのだろう。最後に杭の上に粗朶を敷き、さらにその上にそれと直角に粗朶が敷かれた。これでかなりしっかりはするが、土質そのものが改善されたわけではない。この基礎の上に厚いナラ材の板を敷き、その上に壁が積まれた。

　14世紀から16世紀にかけての教会、礼拝堂、そして少数の煉瓦造住宅の基礎は、まさに杭打ち基礎の類を獲得していた。しかし杭の長さは5～7mにすぎず、最初の砂の層へ達していなかった。ここでも深い溝が掘られたが、その底は木が腐らないように地下水位よりは低くされた。壁の長手方向には、約1m離して2本のナラ材の桁が敷かれた。その上に、直角に梁を置く。こうして格子ができる。その隙間にはモミやカバノキの杭がぎっしりと打ち込まれた。それらは地中で、いわば抱きしめられるようにぶら下がるのである。これを「粘着杭」と呼ぶ。そこに木のでこぼこの床ができ、その上に壁が積まれた。

　杭を打ち込むためには杭打ち機枠を立てる必要があった。少なくとも40人の男

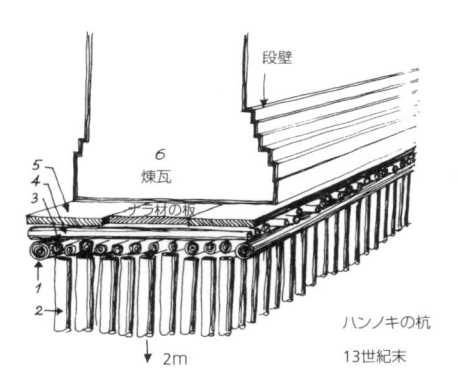

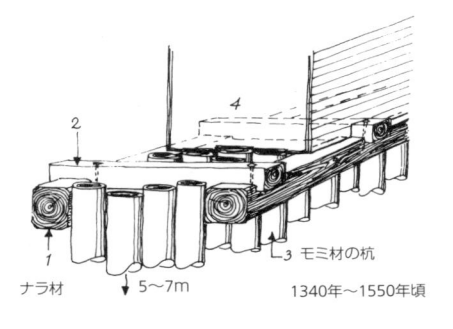

ハンノキの杭
13世紀末

1340年～1550年頃

が綱を引き、重い槌を持ち上げ、それを再び落とした。これを規則正しく行うために、男たちは律動的な歌を唄ったが、その歌詞はたいてい荒っぽい杭打ち人の生活を反映していた。

これはまだ上品な例である。

 1、2、3
 槌を引き上げろ
 もう五月だ
 もう土の中だ
 まっすぐ立っているぞ
 元気だ、健康だ

どの杭も垂直に地中に入らねばならない。ということは、杭打ち機全体を頻繁にずらさねばならないということである。この移動にはかなりの手間がかかるため、この作業がしばしば省略されたとしても不思議ではない。従ってすべての杭が真っ直ぐ立っているわけではなかった。

しかし、かなり早期から建設監督といったものが存在した。早くも15世紀には、市当局は杭打ちに関する厳しい条件を明示していた。1503年には、何人も「建築監査官」の同意なくして、公道に新しい基礎を造ることはできないと規定された。建物の正面はきちんと並んで基準線内に建てられねばならない。1528年以降は、もはや当局の許可なくしてはいかなる建設行為も実施できなかった。すべての基礎は、建設を開始する前に審査されねばならなかった。

16世紀初頭、市当局は30、35、38、40フート（1アムステルダム・フートは28.3cm）の杭打ち機を賃貸することを認可した。ある業者などは新教会の墓地の差し掛け屋根の下に杭打ち機を保管する許可さえ得た。

ヘイエン（杭打ち）という言葉にまつわる不思議な伝説が今日まで多く伝えられている。ある物語は、幾つかの建物がハイデン（皮革）の上に建っていると明言する。しかしながら古い建物の下からは、皮や革の一片も発見されたことはない。このおとぎ話の源は、当時の口語にありそうである。人々はヘイエンheien（杭打ち）という語を'hayen'という風に発音し、これも打ち固めるという意味だった。さらにhayenがhuienへ、そしてhuienからhuidenハイデン（皮革）へと少しずつ移っていったのであろう。

格子組みの基礎は次世紀になってから

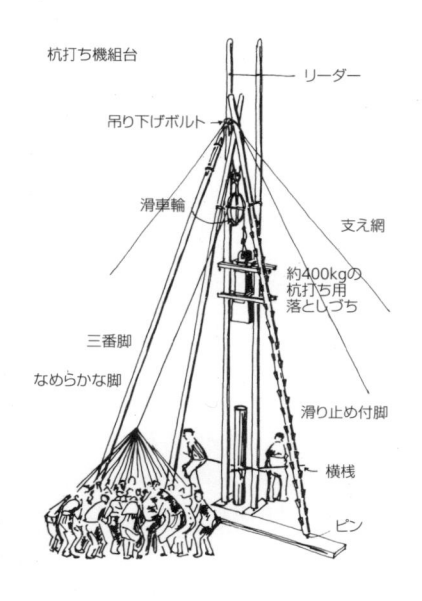

杭打ち機組台
リーダー
吊り下げボルト
滑車輪
支え綱
約400kgの杭打ち用落としづち
三番脚
なめらかな脚
滑り止め付脚
横桟
ピン

35

も造られたが、一つだけ重大な違いがあった。今や、杭は13mの深さにある最初の砂地層に載っているのである。杭が砂地層に到達した途端、さらに深く打つことができないので、杭が十分な深さまで達していることは自ずと分かる。杭は突き通すことのできない層に当たっているのである。これは「オプ・スタウト（突き当たった）」杭とも呼ばれた。当時、打ち込まれた杭が浅かったため家が沈下したという報告もある。幾つかの場合は、杭が地下水よりずっと上に突き出たために腐ってしまったのである。それゆえ1638年、市当局は基礎の板は地下水より少なくとも1/2フート下に置かなければならないと決議した。

　この時代の基礎は、中世のものよりはずっときちんと造られた。ダム広場の王宮は1万3659本の杭の上に建っているが、杭の上端は正確に同じ高さに切り揃えられた。その上に板の床を敷き、その上に壁が積まれた。しかし、これを以てしても、すべての問題が解消したわけではなかった。基礎は均一な寸法になったかもしれないが、その上に圧力をかける荷重がかなり異なるため、ある壁が他より沈下してしまうのである。王宮を訪れてみると、2つの中庭を囲む回廊において、このことがよく確認できる。軽量な外側の壁は、隣の広間と屋根の荷重も支える内側の壁より沈下が少ない。そのため、回廊の床は内側に向かってわずかに傾いている。

　1700年頃、建築業者は公式にアムステルダム杭基礎と称されている新しいタイプの基礎を開発した。これは2列の杭が打ち込まれるもので、その支持力は多かれ少なかれ経験則に基づいて算出された。一対の杭の上にケスブ（横架梁）が置かれた。その上に背の高い肋材が、それより薄い板がその両側に置かれた。この肋材には壁が横にずれるのを防ぐ意味がある。

　しかしながら、莫大な壁の圧力はしばしば杭の頭を横架梁に押し付け、これによって板がたわんでしまう。もし地下水位が低下すると、横架梁と杭の頭が水の上に出て腐る。したがってこの種の古い建物の基礎の品質は、建築監督局や住宅監督局にとって絶えることのない心配事だった。

　アムステルダムにおいて基礎とは何世紀にもわたって変わらぬ問題だった。多くの中世の塔が、後世に優美な尖端を与

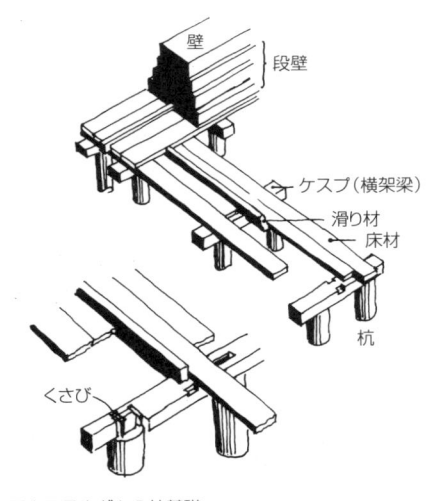

アムステルダムの杭基礎

えられたとき、さらに大きな荷重が基礎を圧迫した。1300年頃、粗朶の基礎の上に建てられた旧教会の塔には、1565年、鉛で被覆された木造の背の高い開放的な頂塔が付け加えられた。古い塔身はゆっくりと沈み、憂慮すべき程北側へ傾いた。1738年、塔の内側と外側に杭が打ち込まれ、その上に煉瓦の覆いが積み上げられて、古い塔はその間にぶら下がっている。さらに塔は、北側と南側に高い壁による支えを得たが、これは1960年頃の教会修復の際に取り除かれた。その後、古い塔はその被いの内側で数cm沈下している。

湿地帯に建てられたモンテルバーンス塔には、1606年装飾用の尖端が付けられた。しかし、その重量は明らかに大きすぎ、塔は4年後に突然傾き始めた。多くの困難を伴いながらも、その巨像は住民の援助を得て垂直に固定され、基礎を補強し、塔の周りには煉瓦が積まれた。強化された脚部は今でも残っている。

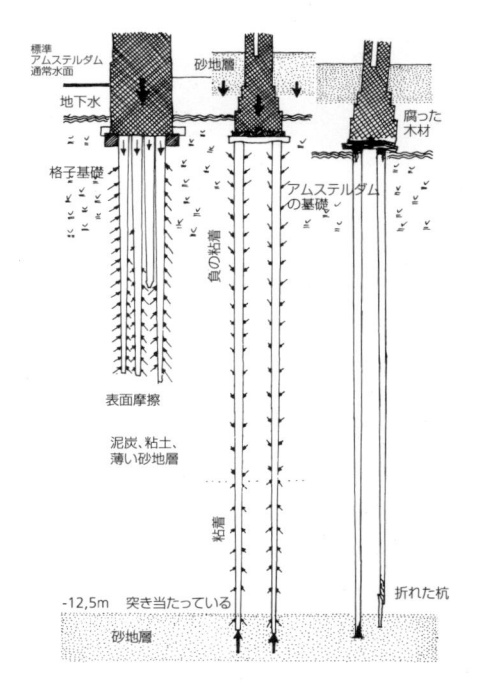

1886年の中央駅の建設に際しては、新たな問題が生じた。すなわちエイ湾の底がおよそ24mの深さまで削れていたのである。一番上の砂の層は消滅してしまっていた。この深さでは2本の木製杭を続けて打ち込むことが必要で、これらは中空のパイプによって連結された。この建物の下には約8700本の杭がある。

ダムラックを埋め立てた部分に新しい証券取引所を建設する際、アムステルダム市当局は設計者ベルラーへの要望に反して基礎工事を削減してしまった。証券取引所の下には13mの杭4780本、および10mの杭100本が使用された。ダムラックを埋めた土地は、新しい建物に圧迫されて沈下し、杭基礎も下方へ引きずられた。開館時にはすでに基礎の沈下と、それに伴う壁のひび割れが発見された。1909年には、商品取引所の大アーチを支える点に小さい煉瓦アーチを積むといった、構造的な変更が行われた。1960年には基礎に対し、さらに大規模な修復作業が実施された。

第二次世界大戦以降はもっぱらコンクリート製の杭が使用されている。それは腐らず、より大きな過重を支える。またディーゼル油の燃焼によって作動する近代的な杭打ち機と杭打ちハンマーも出現

1565年建造

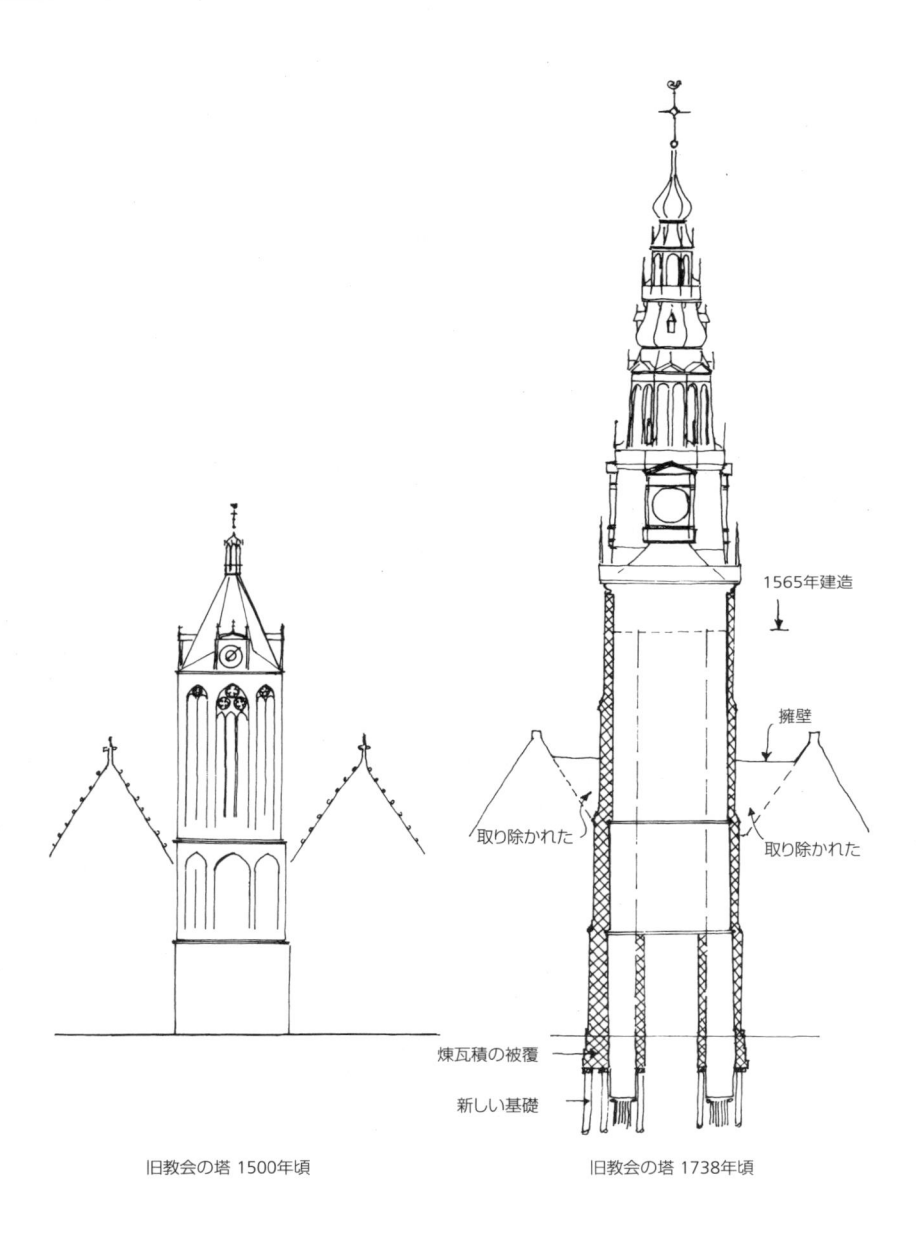

擁壁

取り除かれた　　取り除かれた

煉瓦積の被覆
新しい基礎

旧教会の塔 1500年頃　　　　　旧教会の塔 1738年頃

38

した。それ以来、杭はより長くなり、建物はより高くなった。

　これまでで一番長い杭は、フレーデリクス広場にあるネーデルラント銀行の下にある。以前この場所にあった建物の杭は長さ13mで、最初の砂地層に届いていた。1967年の高さ74mの建物は、2番目の砂地層に達する長さ21mのコンクリート杭の上に建っている。1989年のいわゆるサテリート（衛星）と呼ばれる高さ64mの建物は、地中で造られた長さ63mのコンクリート杭を8本持ち、3番目の砂地層に達している。

基礎の改善や補強をしなければならない場合でも、既存の建物に杭を打つのは不可能である。そこで杭は地中に押し込まれなければならず、通常はコンクリート管が重なっているのである。押し込まれた杭の下の土は、蓋のついたプルスと呼ばれる鉄管をコンクリート管の中に落とし込んで取り出す。プルスが引き上げられる際に蓋が自動的に閉じ、杭の下の土を持ち帰るのである。軟弱な地盤に建物を建てるため、アムステルダム市民はいつも発明家でなければならなかった。

材木の取引と産業
Houthandel en -nijverheid

　オランダの西部には殆ど森がなく、木材は常に輸入された。大まかに製材した角材で組んだ筏は、ライン川とマース川の流れに乗ってドルドレヒトの町へと運ばれる。木材はそこで取引された。エイセル川沿いのデーフェンテルでも活発な木材取引がなされた。

　すでに14世紀のアムステルダムでは、薄板、肋材、木摺、腰板などの小さな部材が角材から大規模に挽き出されていた。木材は2つの架台の上に置かれ、二人の男が大鋸を用いて縦に挽いた。鋸挽き職人もまた自分たちのギルドを持ち、町の住人でない者はこの仕事を営むことが許されなかった。

　人々は建築用や造船用の製材された木材を買いに、あちこちから、例えばフランドル地方からさえアムステルダムへやって来た。木材はエイ湾沿いの岸辺や内陸の貯木場あるいは運河のいたる所に蓄えられた。多くの通り名、ハールレンメル・ハウトタイネン（貯木場）およびヨーデン・ハウトタイネン、ハウトコーペルス（材木商人）ブルフワル、レヒトボーム（真直ぐな木）スロート、クロムボーム（曲がった木）スロートなどは、今でも材木産業を想起させる。現在、市庁舎兼オペラハウスが建っている場所は、かつてのハウト（木材）運河、ハウト通り、コルテハウト（小さな木材）通りである。

　都市の成長は材木市場の移転を必要としたが、これは輸送のために水辺に残った。材木置き場は古い中心街から姿を消し、新たにエイ湾に築かれた島へ移った。

　1600年頃までのオランダでは、ドイツやベルギーから輸入されたナラ材を主に用いていた。造船でも大量の木材、特にナラの曲げ材を必要とした。これは屋根

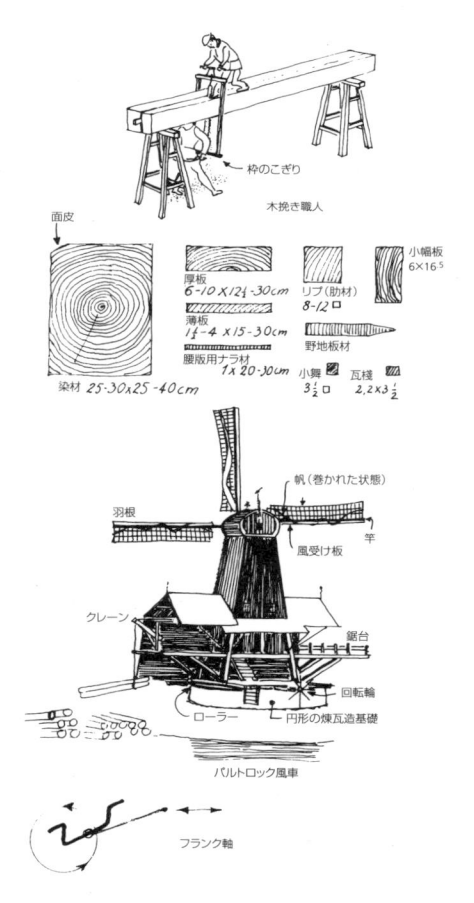

材にも用いられた。1600年以降は、大量の松材（グレーネハウト）がスカンジナヴィアやバルト海沿岸諸国から船で輸送された。杭用のモミは筏にしてライン川とマース川の流れに乗せて運ばれた。オランダでは次の3種類の針葉樹が使用された。ドイツ語圏で「タネ」と呼ばれるモミ、スカンジナヴィアで「フールエン」として知られるきめの荒いマツ（オランダ語でグレーネン）、および「グラーネン」と呼ばれるきめ細かなモミ（オランダ語でフーレン）である。つまり1600年頃、オランダの木材商人は2つのスカンジナヴィアの言葉を混同したのである。

製材された木材はアムステルダムの尺度で売られた。1820年以前、最も普及していたものは幅のダイムと長さのフートだった。尺度は場所によって異なっていた。アムステルダムのダイムは他の地域よりやや幅広だったが、1フートが11ダイムしかなく、他では12ダイムだった。このことからアムステルダムの材木商人は、見かけに反して競争相手よりも安い値段を提供することができた。また製材の分野でも、アムステルダムの人たちは自分たちを賢いと考えていた。1600年頃、ザーン地方の製材所でクランク軸が初めて使われた。これによって回転運動を往復運動に変換することが可能になった。風車の羽根が駆動する車輪の回転は、この方法によって大鋸へ伝達される。風力による鋸引きは手作業よりも安くつく。

アムステルダムの鋸挽き職人と材木商人は、特に安価な松を加工していたザーン地方の激しい攻勢を受けた。アムステルダムは主としてナラ材の取引に依存していた。後にアムステルダム市当局は保護政策を採った。以後、鋸引きされていない木材はアムステルダムの水域を通過することを禁止された。こうしてドルドレヒトやデーフェンテルからの筏や船は、もはやエイ湾を経てザーン川へ航行することができなくなった。そしてアムステルダムでの材木の競売では、他で鋸引きされたものの取引は許されなかった。

もちろんザーン地方は木材を運搬する他の経路を見出した。アムステルダムの周辺部、特に市の西側にも製材所が徐々に現れていたが、そうこうするうちに形勢は逆転し、再びザーン地方が優位となった。木挽き職人ギルドは閉鎖され、木材取引の重要性は減少した。風車は市壁の外にあるものの、事務所は市の管轄内に持つという鋸挽き職人でさえ、市の材木商人の利益を損なうという理由で、鋸引きしていない木材を売ることは許されなかったのである。

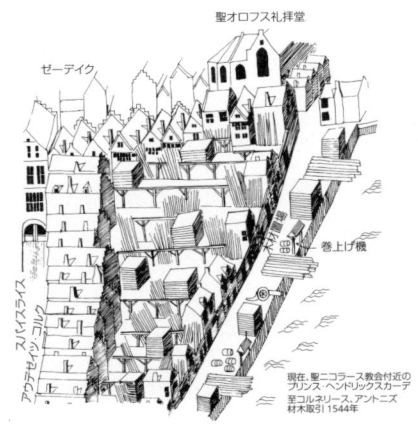

職業と建築材料
Ambachten en bouwmaterialen

かつて建設業で働く人は皆、様々なギルドの一員だったのであり、ギルドはたいてい複数の職種を代表していた。何人も別の職種に属する仕事をすることは許されず、それは同じギルド内であっても同様だった。

すなわち聖ヨーゼフ・ギルドの一般の大工は壁板張りや家具を作ることができなかった。これは家具職人によってなされた。

アムステルダムでは大工たちが常に最も重要な職種の1つを形成していたが、それは住宅や大規模な建物の大部分が木材によって作られていたからである。ヨルダーン地区のエーヘランティールス運河沿いには、窓の上にちょっと変わった石の銘板があり、ギルドでの若い大工の試験の模様が表されている。彼は規格の寸法の角材から、斧を用いて四角に刻み、それをもとに十字形窓枠を作らなければならなかったのである。

12世紀末以降、オランダでは粘土を焼いて煉瓦を作るようになった。最も大きい煉瓦は、この種の煉瓦を焼く際に修道士が重要な役割を果たしたことから、今でも「修道院煉瓦」と呼ばれている。最も古い1300年頃の煉瓦は、旧教会に用いられている。それは長さ約30cm、厚さ6.5cmである。数世紀の間に、オランダ西部の煉瓦は徐々に小さくなっていった。その大きさは様々な地域から入手できる粘土の特性によって決まった。またその色はその地域の粘土の成分によって決定される。ウールデンとレイデンの間、アウデ・ライン川沿いの材料は鉄分を多く含んでおり、きれいな赤橙色の煉瓦となった。オランダ・エイセル川沿いのハウダ付近では、粘土にかなり多くの石灰を含んでおり、煉瓦が黄色くなる。大きな川やユトレヒト・フェヒト川沿いから来た粘土からは、灰色や紫色がかった煉瓦が生まれた。

エーヘランティールス運河通り15番地の石板

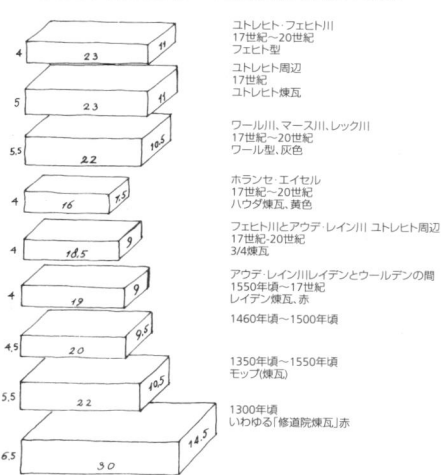

ユトレヒト・フェヒト川
17世紀〜20世紀
フェヒト型

ユトレヒト周辺
17世紀
ユトレヒト煉瓦

ワール川、マース川、レック川
17世紀〜20世紀
ワール型、灰色

ホランセ・エイセル
17世紀〜20世紀
ハウダ煉瓦、黄色

フェヒト川とアウデ・レイン川 ユトレヒト周辺
17世紀-20世紀
3/4煉瓦

アウデ・レイン川レイデンとウールデンの間
1550年頃〜17世紀
レイデン煉瓦、赤

1460年頃〜1500年頃

1350年頃〜1550年頃
モップ(煉瓦)

1300年頃
いわゆる「修道院煉瓦」赤

アムステルダムの煉瓦

18世紀にはフェヒト川流域から極めて均一な煉瓦が到着したが、これは美しく厳格な壁を積むのに非常に適しており、アムステルダムでも多く用いられた。

これと同じ頃、煉瓦を焼く過程が改良され、より固い煉瓦「クリンケルス」が焼かれるようになった。これは互いにぶつけると金属的な音を出す。クリンケルスは、煉瓦の間の目地を防水にする素材を加えたモルタルで積むと、壁の湿気の上がりを防ぐ。同種の材料はかなり早期からセメントと呼ばれていた。これには16世紀以来、「トラス」という名の凝灰岩の粉が使用され、それゆえに今でも防水層が「トラスラーム」と呼ばれている。19世紀の後半からポルトランド・セメントが生産され、今ではこれが単にセメントと呼ばれている。モルタルには主として石灰が使用されたが、これは北海とザイデル海の沿岸一帯で貝を焼いたものである。

煉瓦積み工は床タイルも敷いたが、それは焼いた敷石ばかりではなく、自然石、主にベルギー産の黒い石灰岩とイタリア産の白い大理石などだった。また、しばしば青、紫色または他の色の絵で装飾された、お馴染みの焼いた白い壁タイルも煉瓦積み工によって取り付けられた。オランダの国土には建築に適した石がないため、中世には自然石は水路を経て運ばれた。ベルギーからはマース川とスヘルデ川を経て、青い硬質の石灰岩の類と白い石灰岩が運ばれて来た。ドイツからは船でライン川沿いに凝灰岩、玄武岩および粗面岩といった火山岩が運ばれ、そして1450年頃からは、オーフェルエイセルセ・フェヒト川沿いのベントハイムからザイデル海を超えて砂岩が運ばれて来た。16世紀末からはドイツのウェーゼル地方の砂岩などが海を超えて輸入されたが、これはブレーメンで航海船に積み込まれた。バルト海からはスウェーデンのエーランド島の淡い赤色の石灰岩が、材木運搬船の底荷として持ち込まれ、主に床タイルとして使用された。これはカルフェル通りから市営孤児院への入り口部分やダム広場の王宮などで見ることができる。とりわけイタリア産の大理石は非常に高価で、床、壁の覆い、および煙突に使用された。

19世紀の鉄道開設は、バイエルンの花崗岩、輝緑岩などの火成岩、北バイエルンの貝石灰岩およびスカンジナヴィアの花崗岩など、他の地域からの石材の品揃えを豊富にした。

15世紀には、煉瓦の壁にベルギー産の白い自然石の層を等間隔に通す、いわゆる「ホーベルタンゲル（石の産地名より）」が習慣となった。これはスペックラーフ（脂身の層）と命名されたが、それは赤い肉と白い脂肪が交互に層をなすイメージに由来しているのである。後に砂岩を代用するようになったが、当初の明るい黄色が灰色に風化するので、スペックラーフ効果は消滅してしまう。時には砂岩を明るい黄色に塗装することによってこれを解決した。

煉瓦は塩水によって急速に腐食する。それゆえ、潮の干満に翻弄されるヘルデルセカーデ沿いの市壁の基部はベントハ

イム砂岩で造られた。このカーデ（埠頭）の壁にあるたくさんの石片がその証左である。17世紀の市壁の北西部、最後の稜堡がエイ湾に残っていた。それは硬い青い石で築かれていたので、「ブラウ・ホーフト（青い突端）」と呼ばれていた。

　中世後期の石工たちは自分の作品にしばしば自分の印を刻んだ。そのような印をローキンにある「奇蹟の柱」、すなわち聖なる場所にあったニウェゼイツ礼拝堂の残片にて見ることができる。鉛とスレートは長持ちするので、高価であるにもかかわらず建築には不可欠だった。重要な建物の屋根は、薄い青灰色の自然石の板、スレートで葺いた。隅部、棟、樋は鉛の薄板で覆った。また、欠くことのできない家屋内の雨水排水管とポンプも配管工によって取り付けられた。

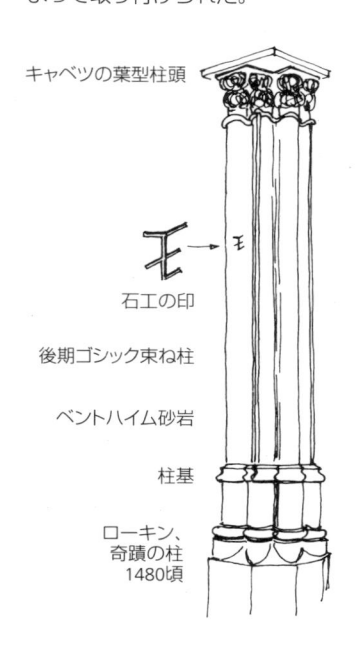

キャベツの葉型柱頭

石工の印

後期ゴシック束ね柱

ベントハイム砂岩

柱基

ローキン、奇蹟の柱1480頃

　はんだ付けには鉛とスズの混合物が使用されるが、それを真っ赤に焼けたはんだ鏝で溶かし、継ぎ目に流し込むと、鉛合金が互いにしっかりと結合することができる。はんだ鏝は火を焚いた壺の中で熱せられるが、この壺を屋根の上に置くことは厳重に禁じられていた。そこで配管工は、綱で緩く巻いた取っ手をいつも携帯していたが、これはニウマルクトにある計量所のギルドの入り口に見られるとおりである。しばしば配管工は、手間のかかる鏝の引き上げを省きたがり、屋根の上に火を持ち込んだ。1645年の新教会の火災はこうして起こった。

　留め金具、釘、手摺り、ストゥプ（家の前の部分）の柵、格子、その他これらに類する物は鍛冶屋によって鉄から鍛造された。釘は手作業で鍛造されたので、非常に高価だった。機械時代が到来した1830年頃以後、それは太い鉄線から作られた。これは「丸釘」とも呼ばれる。こちらの方がはるかに安価で、その結果、非常に労働集約的な枘穴と枘、蟻継ぎに代わり、ますます釘打ちで木材を接合するようになった。

　鉄は、とりわけストゥプの装飾的な手摺子、炉床の覆い板、薔薇型留め金具などを、型に入れて鋳造することも可能である。19世紀には教会の窓、倉庫の円柱など、大きな部品も鋳鉄によって作られた。

　後に、中央駅の覆い屋根やベルラーへの証券取引所の屋根など、大規模な鉄や鋼鉄の構造が実現した。そのため建築材料としての木材はますます後景に退いた。

煉瓦積み
Metselwerk

石工が壁を積むときには煉瓦とモルタルを用いる。かつてモルタルは石灰と砂の混合物に水を混ぜて作られたが、今日ではセメントも使用される。モルタルは煉瓦の間にいきわたる。やがて固まり、煉瓦と一体となり堅牢な全体を形成する。

煉瓦の長手は、小口の2倍で、厚みは小口の約半分である。煉瓦は「組み合わせて」層状に積まれる。垂直の目地（合わせ目地）は互いに決して直上に来ないように置く、さもないとひび割れを起こす。

隅部は1/4煉瓦（クレゾール）または3/4煉瓦（ドゥリー・クレゾール）で構成される。1700年頃より前は、角に1/4煉瓦を用いていたので特に目立っていた。その後、小さな煉瓦は扱いにくいと考えられるようになり、3/4煉瓦を長手積みにした。長手の層は、続けて真上に置くことができる。これをイギリス積みと呼ぶ。また1/2煉瓦でずらすこともできるが、そうすると壁面に十字形が現れ、これが交差積みである。

煉瓦は重い。窓の開口部の上には、その重さの大半を受け止めるためにアーチやフラット・アーチを作ることが必要となる。中世後期、アーチは一般に高く尖っていたが、ルネサンスの間に、より低いアーチが好まれるようになった。またはハーネカム（フラット・アーチ）とは、一種の幅の広い楔のような煉瓦積みで、これが開口

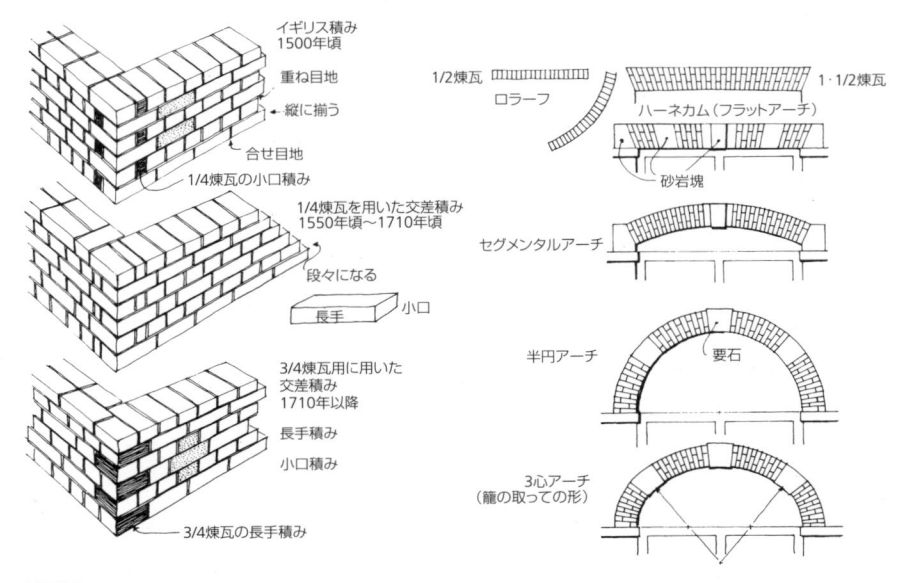

イギリス積み
1500年頃
重ね目地
縦に揃う
合せ目地
1/4煉瓦の小口積み

1/4煉瓦を用いた交差積み
1550年頃〜1710年頃
段々になる
長手　小口

3/4煉瓦用に用いた交差積み
1710年以降
長手積み
小口積み
3/4煉瓦の長手積み

1/2煉瓦
ロラーフ
1・1/2煉瓦
ハーネカム（フラットアーチ）
砂岩塊

セグメンタルアーチ

半円アーチ　要石

3心アーチ
（籠の取っての形）

煉瓦積み

部にきっちりとはめ込まれることによって、その下の木枠へ全く圧力がかからないのである。これがきちんと働くためには、すべての煉瓦のそれぞれの面を、正確な作業をもって斜めに削らなければならなかった。

　古典主義の時代以降の建築に支配的だった厳格な線には、アーチではなくフラット・アーチが相応しかった。小さな開口部の上、窓枠の下、または釣鐘型破風の笠石、自立した壁の上などには、（長手を上にして）寝かした煉瓦の列、ロラーフ（徴立て）を用いた。

　特に珍しいのは17世紀の赤い煉瓦を積んだ壁で、これは見事に滑らかに磨かれ、モルタルの目地が全く見えない。この仕事にはレイデン煉瓦が選ばれたが、石工によって1つ1つ寸法に合わせて削られ研磨された。こうして極めて鋭い縁を持つ、つるつるの長方形が生まれた。裏側は斜めに削られた。この煉瓦は表側では互いに「ぴったり」と置かれたが、裏側では煉瓦の間にたっぷりとモルタルを用いた。時には輪郭線を描くように積んだり、あるいは幻想的な遠近法を喚起することさえあった。石工たちはこの種の高い水準の試験を受けるのであり、聖バルバラ・ギルドでは、これをもって彼らを親方とした。

　目地は大抵きちんと仕上げられた。中世から17世紀まで、モルタルは殆ど煉瓦を積んだ直後に、平らに削り取られた。18世紀、壁には特に精度の高い煉瓦を用い、目地には極めて高い要求を課した。積まれた煉瓦層の上、表側に羽板と呼ばれる非常に薄い板を置いた。それから次の層の煉瓦が積まれた。モルタルが固まると、羽板は引き抜かれ、生じた隙間は非常にきちんと塗られた。時たま、合せ目地にかろうじてモルタルが見えるだけである。

　19世紀には機械製の煉瓦が到来し、一般的に目地は再び太くなった。幻想的な目地が20世紀に出現したが、その目地は壁面から1cm奥まっていることもある。これは確かに装飾的ではあるが、多くの雨水をいとも容易に通してしまうのである。

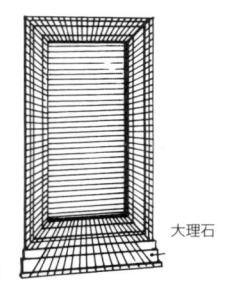

ニウマルクト広場の計量所 バーバラギルドの入り口

名人の証し
計量所
―ニウマルクト広場
大理石

留め金具
Ankers

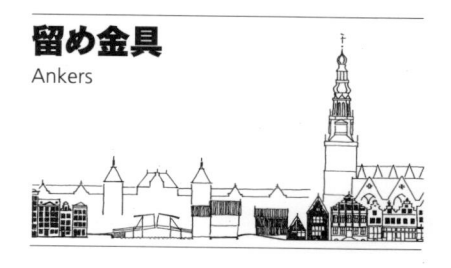

壁面に細長い、あるいは薔薇型の鉄製の部品をよく見かける。これがアンケル（留め金具）であり、例えば梁を外壁に繋ぎ、壁が外へ離れるのを防いでいる。薄い壁は梁や屋根などの木造骨組みに固定されているのである。破風も同様の方法で固定されている。家の棟より上に突き出ている高い煙突と破風の上端部は、通常屋根の棟に留められている。1669年の規則には、梁は一本置きに「適切な留め金具」を取り付けること、と明記してある。2本の梁は継ぎ手金物によって繋がれなければならなかったので、互いにずれて離れてしまうことはなかった。

壁の留め金具は通常2つの部分から成っている。最も簡素なものは真っ直ぐな棒と両端が鍛造された部品から成る。この部品は壁の内側で梁に釘打ちされ、外側には小穴をもつ。この穴に「締め釘」が垂直に突き刺さるが、これにはたわまないように山型が打ち出されている。鍛冶屋はしばしば締め釘に、2本の水平線の間の斜めの十字形や、あるいは別の印を付けた。16、17世紀には、アムステルダムでも留め金具にしばしば鍛造された装飾が付けられたが、他の都市よりはずっと少なかった。

鉄には錆びるという欠点があり、錆びは鉄自体の7倍もの容積を持つ。そうなると周りの煉瓦積みを圧迫し割ってしまう。その解決策として、鍛造した直後の熱い留め金具を油に漬けたり、タールを塗ったりした。あるいは鉄を黄麻で包むこともあり、これによって猛烈な体積膨張を吸収するに十分な空間が残された。

18世紀の几帳面な煉瓦積みには、留め金具が不似合だった。そこで煉瓦壁に隠された、「隠し」留め金具が用いられた。もしこれが錆びると、煉瓦壁に瘤が生じることで分かる。1850年頃、留め金具は鋳鉄を用いて薔薇型やその他の平板な装飾として作られるようになり、ナットによって正面壁に締め付けられた。20世紀初頭には、錬鉄によるアール・ヌーボー様式の留め金具も作られた。

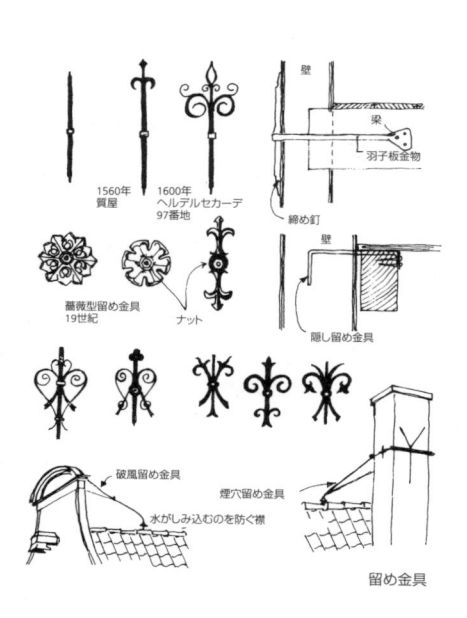

留め金具

木造骨組み
Houtskelet

　最も旧い住居の骨組みはナラ材の柱と梁を有し、枘と枘穴で継がれ、木製の釘で固定されていた。壁と床は骨組みに釘打ちされた。梁と柱の角は強度が十分でないので、彎曲した木材（コルベール：方杖）でつっかい棒をし、スレウテルストゥクで補強した。2本の柱・梁・方杖およびスレウテルストゥクが一組となって、ヘビントと呼ばれる。家を建てる際には、何組かのヘビントが一列に据えられるが、初期の間隔はおよそ3mだった。16世紀になると各ヘビントは、もっと間隔を詰めて立てられるようになった。この頃のアムステルダムでは、方杖がしばしば膨らんだ形をしていたので、白鳥の首と呼ばれた。

　教会もまたこの類の木造骨組みを持っていた。壁付柱と方杖を備えた太い梁が、地上何十メートルの空中を横切っている。

　市当局は木造骨組みの建造については、厳重に監視していた。もし大工がヘビントの柱を指示されたよりも短く作ってしまった場合、別の材を継ぎ足すことは許されず、新たにやり直さねばならなかった。そして、これは礎石の上に据えられなければならなかった。

　ヘビントが組みあがると、起重機の助けを借りて垂直に引き起こされた。このような起重機は石や木材といった重い荷を運ぶために何世紀にもわたり使用されてきた。起重機を持っていない建設業者は大工のギルドから借りることができた。その賃料は荷の重さによって決められており、断面が約30×30cmの梁の場合で5セント、それより太い梁は10セントだった。窓枠、パイ（建物正面の低層部分）および屋根部分にはそれぞれ別の価格があった。16世紀末には、賃料は起重機の高さによって決められた。その高さは3.5～7mだった。

　木材はかなり柔軟性があり、軟弱な地盤が引き起こす変形に対しては、煉瓦壁よりうまく適応する。しかし防火規則では、床と屋根がまだ木造骨組みに載っていても、住居の外壁と煙突を薄い煉瓦壁にすることを不可欠とした。そこで柱は、その一部分が煉瓦壁の中に立つようになった（ミュールステイル：壁付柱）。しかし17世紀半ばには壁柱も方杖も完全に姿を消した。

　住宅の屋根裏を利用できるようにするには、小屋梁の下にもっと多くの空間が必要となった。肩の上に荷物を背負って、梁の下をぶつからずに歩くことが可能でなければならなかった。そこで屋根の足元が、屋根裏の床梁よりおよそ1m上に持ち上げられた。屋根の基底部から下の低い壁は、城郭や都市の防衛壁と同様に胸壁と呼ばれたが、この屋根裏を「深くすること（フェルディーピング）」がオランダ語に新しい単語を加えることになった。つ

まりフェルディーピングが次第に階をも意味するようになったのであるた。すでに15世紀には、一番下のヘビントの上にもう一層を挿入することで家を高くした。後になると、4層の階が重なることもあった。

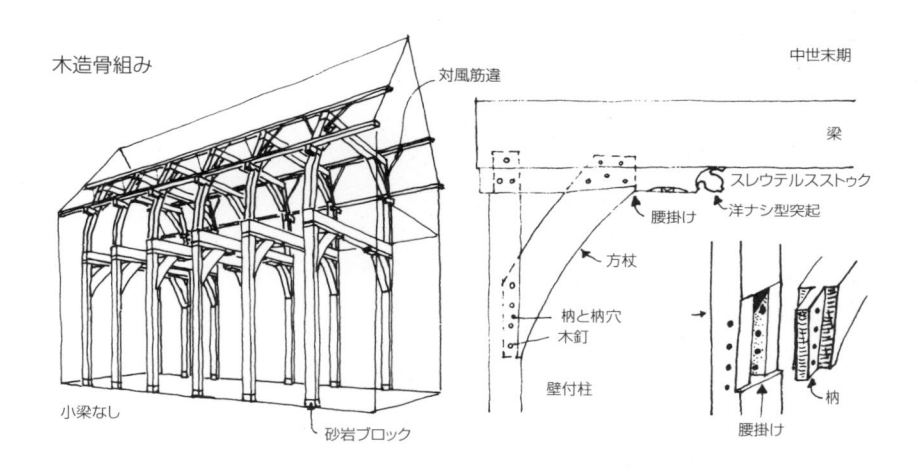

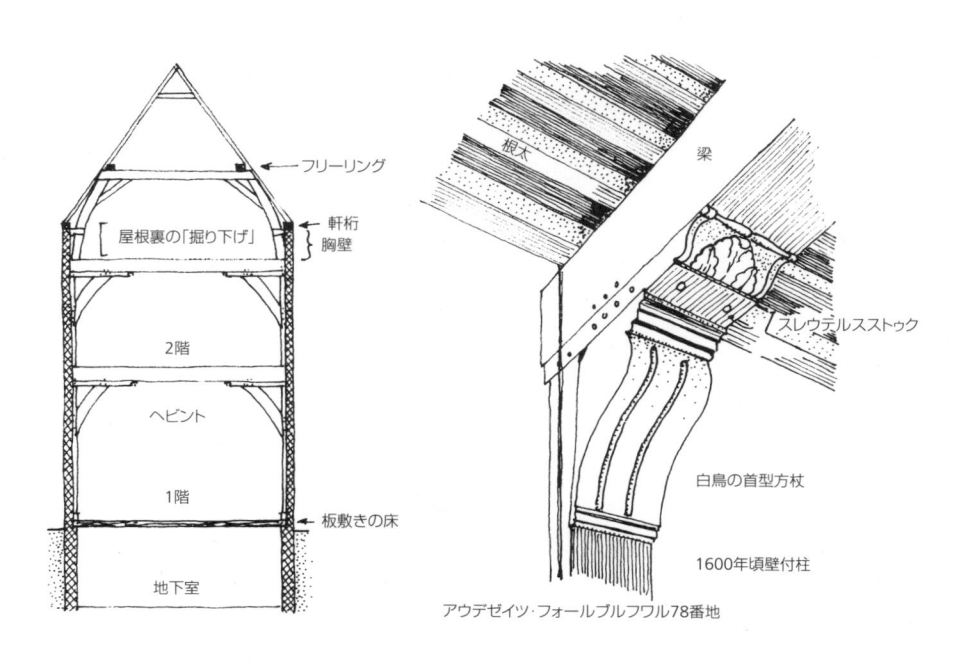

木造骨組み

対風筋違

小梁なし

砂岩ブロック

中世末期

梁

スレウテルスストゥク

洋ナシ型突起

腰掛け

方杖

柄と柄穴

木釘

壁付柱

腰掛け

柄

フリーリング

軒桁
胸壁

屋根裏の「掘り下げ」

2階

ヘビント

1階

板敷きの床

地下室

根太

梁

スレウテルスストゥク

白鳥の首型方杖

1600年頃壁付柱

アウデゼイツ・フォールブルフワル78番地

床組
Balklagen

1550年まで、床の梁とヘビントの柱の間隔は3mが普通だったが、一枚の床板で架けるには広すぎた。10cm角のナラの角材が30cm間隔で敷かれ、隙間を埋める役目をした。当初この部分はビントとリプと呼ばれたが、19世紀になってムールバルク（梁、ムールは母の意）とキンデルバルク（根太、キンデルは子の意）と呼ばれた。しかし、すでにこれは17世紀半ば以降、作られていない。

床板の見苦しい継ぎ目は下からまる見えになっており、また、そこから埃も落ちてくる。最良の部屋では、手作業で非常に薄く挽いたナラ板（スプレイトセル：裏打羽目板）で、根太の上に裏当てを敷くことでこの問題を解決した。

町の中で何ヶ所かの高い場所、例えばかつての海沿いの堤防に沿った所では、家の下に一種の地下貯蔵室のようなものを作った。しかし一階の床と地下水の間にはほんの僅かの隙間しか残されていない。地下貯蔵室の天井はできるだけ薄くしなければならないので、厚さ8cmの板材をぎっしりと並べて作った。

1600年頃、梁は以前よりずっと詰めて並べられるようになり、その間隔は通常1m弱だった。そして普通は、壁に沿って木製の持ち送りに載せられた。床板には長手方向に溝が付けられていた。そこに大変薄くて細い板、「雇い実」が差し込まれ、板と板とがぴったりと合わさる。これはまた、隙間から埃が落ちるのを防いだ。雇い実は後になると、実矧ぎにとって代わられた。

当時はナラ材が高価で入手困難だったため、通常床の梁は松で作られた。17世紀半ばまで、特別の部屋だけはナラ材の梁と根太が作られた。その後、立派な部屋には梁の下に板が張られ、普通は彩色された。18世紀、まだ見えている梁の下端の角は、たいてい玉縁状に削られた。

多くの家では、木の床に白と黒の大理石や赤いエーランド産の石など、石のタイルを敷いていた。木と石の床の間には厚い貝殻の層があり、時とともに大部分が石化している。このような床は、黄金の世紀の絵画にしばしば見ることができる。

1700年以降、イタリアの左官がオランダにやって来て、梁の下に漆喰天井を作ったが、それには豊かな装飾が施されていた。梁の下側に木摺が釘止めされ、これに茅の層が置かれ銅線で留められた。茅には石灰モルタル層が加えられ、これが染み込みがっちりと固まる。その次の層は石膏と牛の毛で処理された。石膏は固まる際に少し膨張し、層自体がしっかりと固まり、毛はモルタル層を互いに固着させる働きをする。最後の層には、しばしば美しい装飾が施された。廊下、階段室、個室の壁にもこのような漆喰装飾が与えられ、それはルイ14世以降に特有の様式だった。

床組

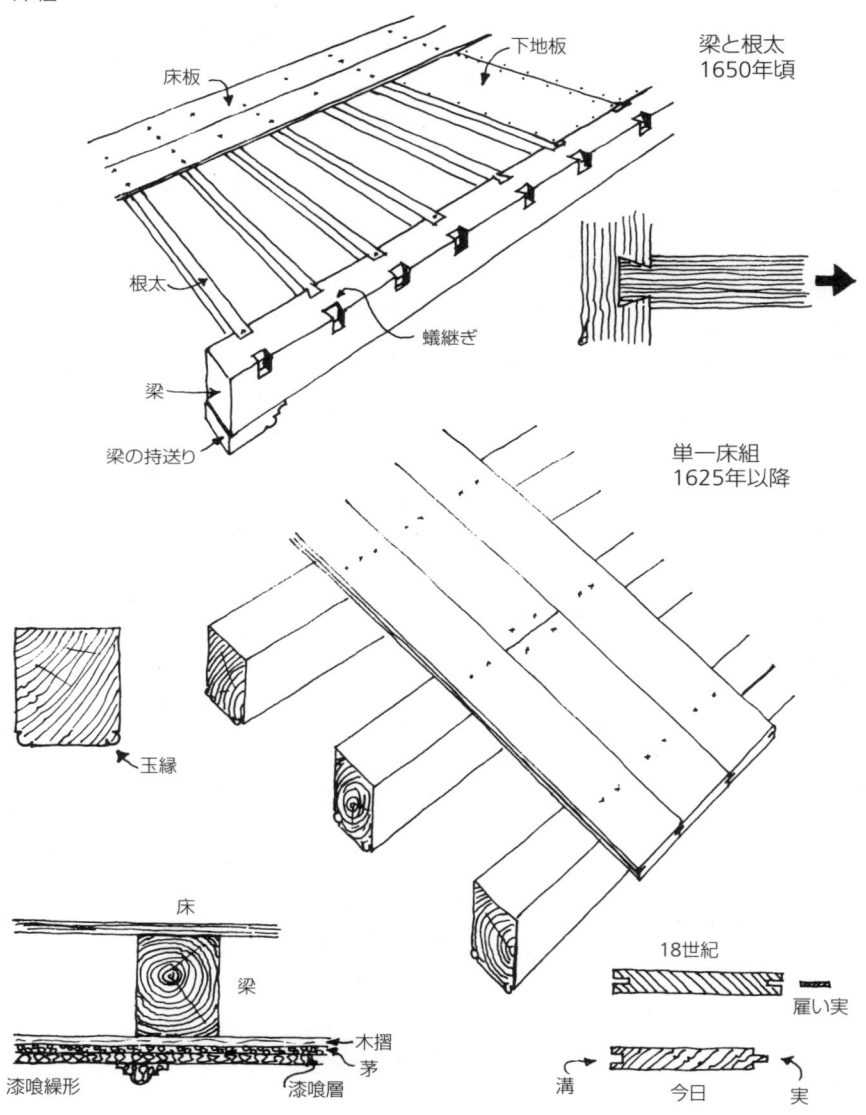

床板
下地板
梁と根太
1650年頃
根太
蟻継ぎ
梁
梁の持送り

単一床組
1625年以降

玉縁

床
梁
木摺
茅
漆喰層
漆喰繰形

漆喰塗り天井の床組断面

18世紀
雇い実
溝　今日　実

51

屋根
Kappen

昔の普通の屋根は、細い幹またはナラ材の角材（垂木）を斜めに組んでいた。2本の垂木が合わさる棟のすぐ下に、水平の繋ぎ梁が取り付けられた。垂木の上に瓦桟が釘打ちされ、その上に屋根瓦が置かれた。瓦は内側から見えており、雨や雪が降るとよく雨漏りした。一本の水平な桁、フリーリングが垂木を支えた。このフリーリングより上のゾルデル（屋根裏）はフリーリング・ゾルデルと呼ばれた。屋根のスパント（小屋組み）は屋根の長手方向に対して直角に、屋根裏梁の上に立ちフリーリングを支える。

1600年を過ぎる頃まで、小屋組みの脚はほとんどの場合、彎曲したナラ材だった。小屋組みの脚から水平に差し込まれているブロックケール（固定材）にフリーリングが載り、その上に垂木が載った。小屋組みと垂木が据えられると、すぐに側壁が屋根裏の床上80cmから1mまで延ばされた。この側壁は最初は木造、後に煉瓦造となった。

アムステルダムには優に10以上の中世後期の屋根が保存されている。旧教会は今でも、1300年から1600年にかけての様々な時期の中世の屋根をすべて保持している。そこで、これこそオランダで最大の面積となる中世の屋根を保有する建物なのである。すべての屋根に木造の丸天井が掲げられ、教会の壁はるか上方に空間が聳えていることも特異である。この木造の半円筒丸天井はひっくり返った、裏返しの船のようであるが、しかしそれは

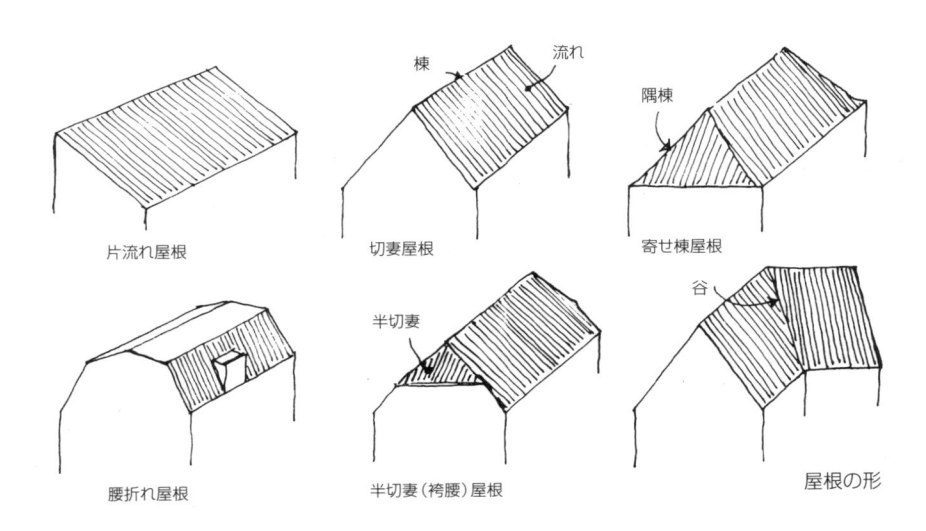

片流れ屋根

棟　流れ
切妻屋根

隅棟
寄せ棟屋根

腰折れ屋根

半切妻
半切妻（袴腰）屋根

谷
屋根の形

15～16世紀

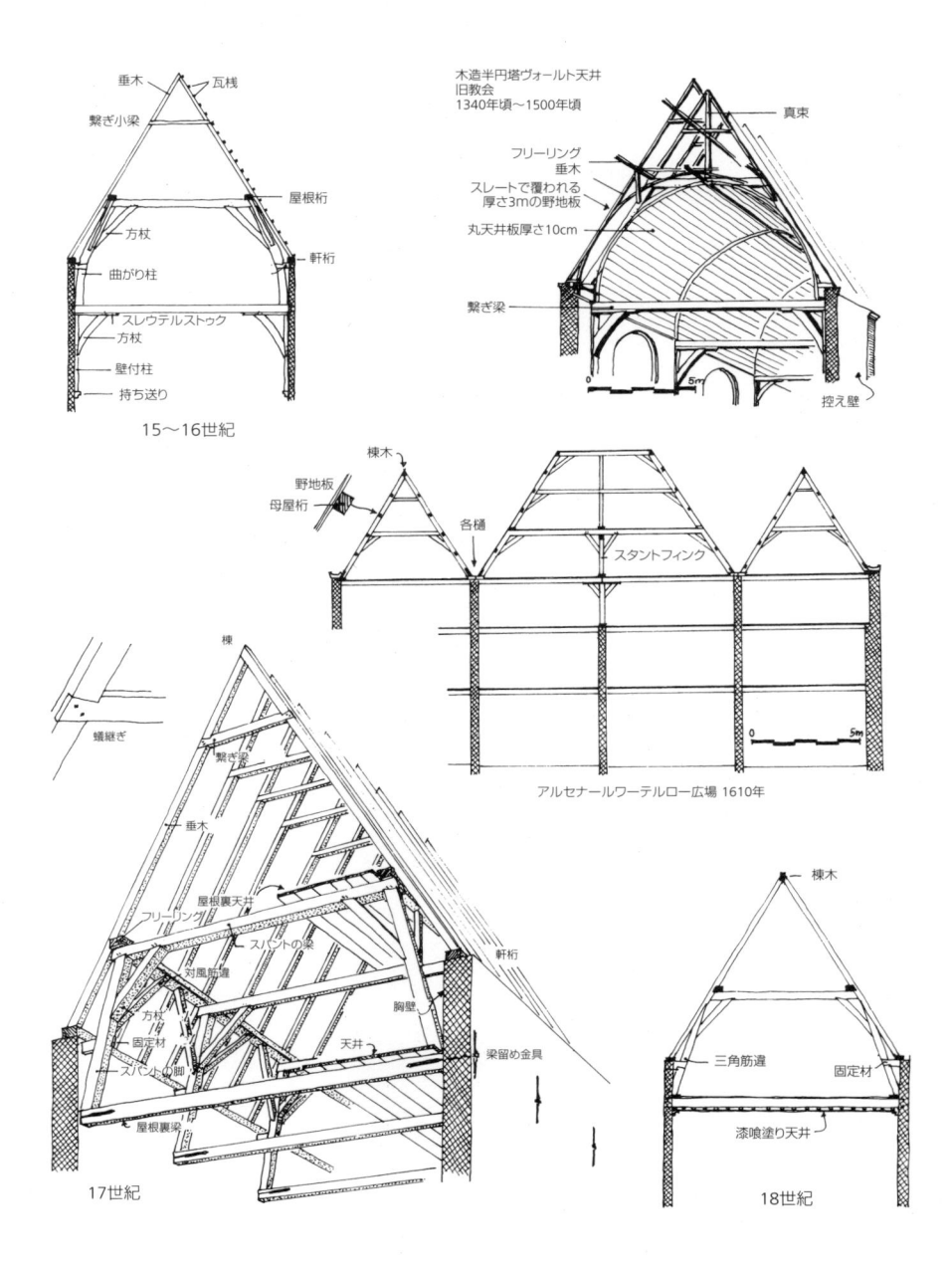

木造半円塔ヴォールト天井
旧教会
1340年頃～1500年頃

アルセナールワーテルロー広場 1610年

17世紀

18世紀

単なるうわべだけである。天井は非常に薄い板で作られていて、どうあっても重い水圧に耐えられるものではない。木造半円筒丸天井で覆われたのは中世の教会やチャペルだけではなく、17世紀の建築家も新しい新教の教会に、このような丸天井を造った。

　1600年を過ぎると、貧しい人々に分配する泥炭を貯蔵する倉庫群の建設が始められた。この建物群は後にワーテルロー広場の兵器庫として知られ、現在はストペラの向かいにあるが、これには絶対に屋根の水を浸させてはならなかった。なぜならば貯蔵された泥炭が膨張し、文字通り建物が破裂してしまうからである。垂木の上には防水の野地板を敷かなければならなかった。そこで大工は母屋桁を使用し、これを小屋組みに導入して屋根の2つの傾斜面に置いた。この上に野地板が釘打ちされた。この屋根は他の理由によっても特別のものだった。すなわち、すべてが松材で作られたアムステルダムで最初の大屋根だったのである。後に母屋桁付きの屋根は一般に使用される型となり、オランダの伝統的な屋根は、今日まで変わらずこの方法で作られている。

　湿気が多く風の強いオランダでは、屋根の勾配は通常50〜60度である。雨水の水はけは良い。勾配のゆるい屋根は金属の薄板で葺く必要があるが、これは19世紀に亜鉛が導入されて初めて実現した。当時このような屋根が、ようやく良質で手頃な価格となったのである。今日ではタールやアスファルト層で覆えば、完全に平坦な屋根も可能である。

　都市の中心部にある殆どの住宅の屋根は、通りに面する壁に対して直角に載る。実際、屋根が通りに平行に走るのは、ごく少数の建物だけであり、例としては運河の間の通りにある奥行きのない馬車置き場や間口が広く破風を持たない建物である。屋根は、その形および屋根面や隅棟の構造によって違って見える。最も単純な屋根は一方向だけに傾斜するもので、片流れ屋根と呼ばれる。建物本体の上に、2つの傾斜面が向かい合って載るのが切妻屋根である。斜めに切り取られた端部の下端が、側面の雨樋より高い位置にある場合、半切妻屋根と呼ぶ。矩形の建物の四面に傾斜する屋根面がある場合を寄せ棟屋根という。17世紀に活躍したフランスの建築家マンサールは、屋根面が折れ曲がった屋根を多く用いた。その中の広々とした屋根裏はマンサールデ（マンサード）と名付けられた。この屋根は19世紀になってオランダにも取り入れられた。

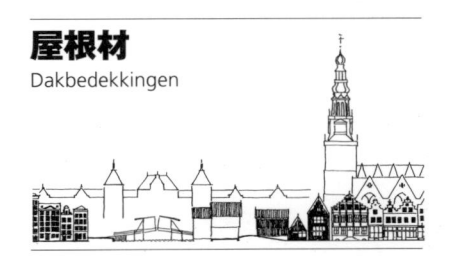

屋根材
Dakbedekkingen

最初の住宅の屋根は茅葺きだった。そのため町では頻繁に火災が起こった。15世紀には、重要な建物はスレートで葺かれ、より贅沢な家は焼成瓦で葺かれた。15世紀末には瓦製造業者が新しい型を導入した。これは粘土を焼成した波形の薄板で、高く波打つ部分ウェル（鼻）が、隣接する瓦の起伏の小さい縁に合わさる。殆どのオランダの古い屋根瓦は、鼻が右側に続く瓦に被さる。これを右側葺きと呼ぶ。瓦は手作りで、決してぴったりとは合わなかった。普段、南西の風によって雨が隙間に打ちつけられる恐れのある場所では、左側葺きの瓦が用いられた。屋根の上側は特殊な棟瓦で覆った。

当初、瓦は野地板なしで置かれた。雪や雨の侵入を防ぐために瓦の間は石灰モルタルで密封されたが、収縮して継ぎ目が剥落するのを防ぐために、牛の毛を少し混ぜることもあった。

殆どの屋根瓦は、その中に生じる鉄化合物の色である赤色をしている。もし焼く過程の最後で窯を閉め切ると酸欠状態を起こし、赤い鉄化合物が黒に変化する。この瓦は灰色となり、窒息した瓦と呼ばれた。赤い瓦でも何世紀も長持ちするが、窒息した瓦はより耐候性がある。

19世紀になると瓦製造業は蒸気機関に移行し、より精密で防水性のある瓦の製造が可能となった。スレートは国外から来た。ライン地方から来る鱗型のスレートは、斜め上に向って一列に並んで屋根に釘止めされた。ベルギーとフランスの国境付近、マース川沿いの石切り場からは、非常に薄い矩形のスレートが運ばれて来たが、これは水平に一列に取り付けられた。

鉛は高価であった。塔の一部を覆うのには使用されたが、傾斜面や水平の広い屋根面を覆うには問題が生じた。従ってこれは殆ど見られない。しかし棟、雨樋、勾配屋根の接合部分はよく鉛で被覆された。これは時と共に銀灰色に変わる。

銅はさらに高価で、その上薄い板を作ることが非常に難しかった。およそ1mmの厚みにするために、銅細工師は鋳造した未加工の銅を長時間ハンマーで打たなければならなかった。極めて特別な建物だけが銅葺きにされた。また、塔の上の風見鶏や時計盤にも用いられた。銅には非常に薄い本物の金箔を貼ることも多く、これによって、例えば塔の風見鶏も陽射しの中で輝くのである。しかし上塗りしないでいると、緑色になってしまう。

亜鉛板の製造は19世紀に始まった。これはずっと安価で、屋根材や装飾用として多くの可能性を呈した。19世紀の重要な建築物では、豊かに装飾された亜鉛葺き屋根の刳形が特に人目をひく。

瓦葺

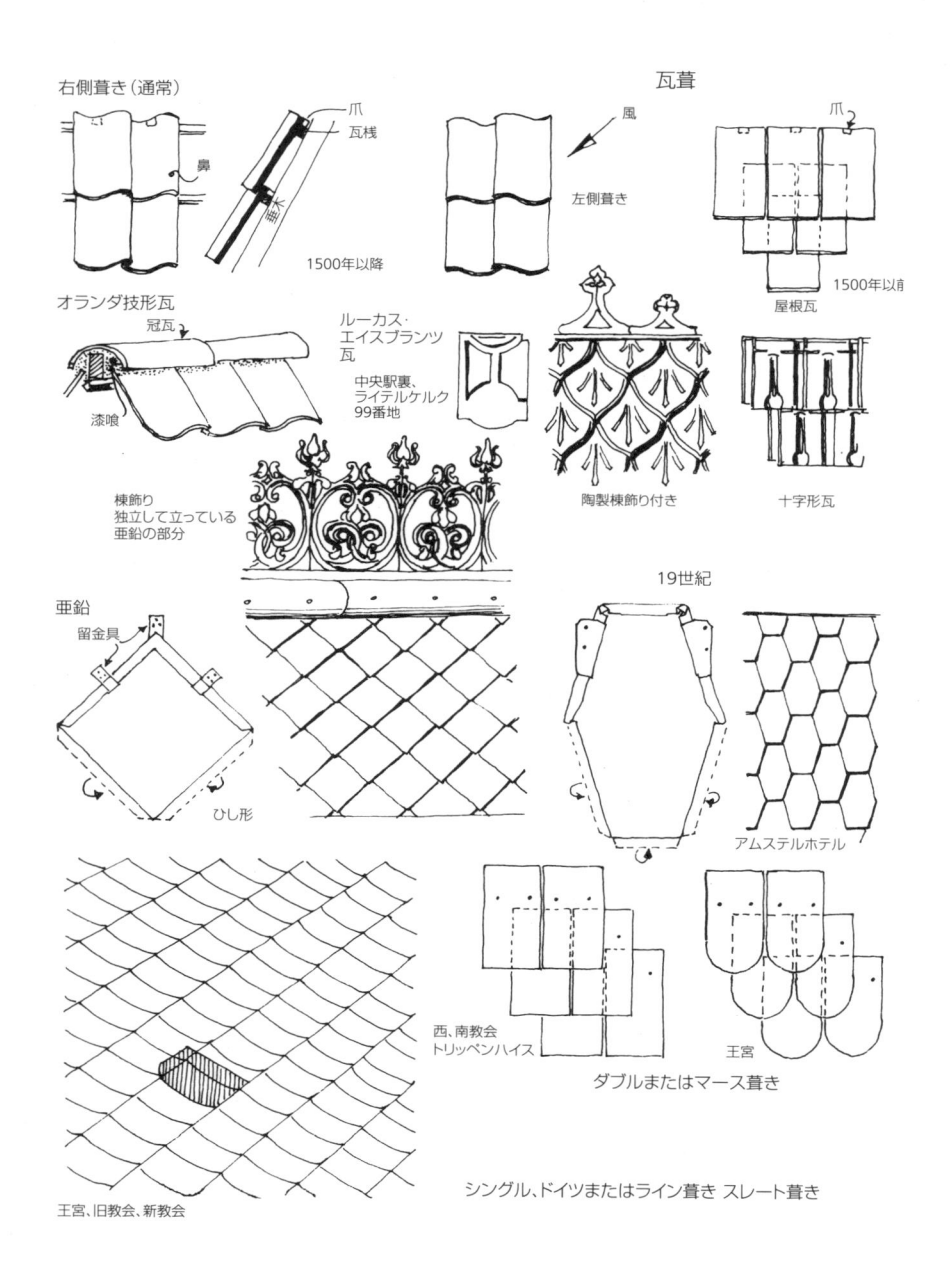

右側葺き（通常）

爪
瓦桟
鼻
垂木

1500年以降

風
左側葺き

爪

1500年以前
屋根瓦

オランダ技形瓦
冠瓦
漆喰

ルーカス・エイスプランツ瓦
中央駅裏、ライテルケルク99番地

陶製棟飾り付き

十字形瓦

棟飾り
独立して立っている亜鉛の部分

亜鉛
留金具

ひし形

19世紀

アムステルホテル

王宮、旧教会、新教会

西、南教会
トリッペンハイス

ダブルまたはマース葺き

王宮

シングル、ドイツまたはライン葺き　スレート葺き

56

正面とパイ
Gevels en puien

　中世末期の木造家屋の正面は、木造の低層部分と、それぞれ下の階より約20cm飛び出ている上方の各階から構成される。こうすることによって階同士の複雑な木材の接合部が不要となり、また各階ごとに雨水を垂らすことができた。ゼーデイク通りの入り口付近では、今でもこのような木造家屋を見ることができる。

　15世紀後半、側壁は煉瓦造でなければならなくなり、煉瓦造の正面も造られるようになったが、低層部分は依然として木造のままだった。正面を木造で建てることは、まだ可能だった。しかし煉瓦で正面を建てると、もはや壁を突き出すことはできなくなった。それは空間の減少につながる。そこで建物の正面が「オブ・フルフト（逃げるの意）」、つまりわずかに前傾して建てられた。真っ直ぐに建てられた壁は、下げ振りの線に沿っているということから、「テ・ロート（下げ振りの意）」の状態である。1565年の条例で、正面は1メートルあたり2.5cm以上前傾してはならないと定められた。角の家は2つの面とも前傾して建てられた。背後の壁は殆どの場合、垂直だった。

　前傾して立つ壁は空間の獲得という以外にも利点がある。煉瓦壁に染み込んだ雨水が再び外へ流れ出て、各階を強調している伝統的な刳形から垂れるのである。さらに、商品を引き上げる際に、壁が邪魔にならない。しかも正面の見栄えも良くなる。「オブ・フルフト（前傾）」した壁の列の中に、現代の建物が「テ・ロート（垂直）」に建っていると、まるで後方に傾いているように見える。

　雨水を外部へ排水することは常に重要なことである。汚れが壁をつたわないし、木部も腐りにくく、正面の薄い壁にもできる限り水分を透過させない。そこで殆どの正面には、砂岩の板か煉瓦のルラーフ

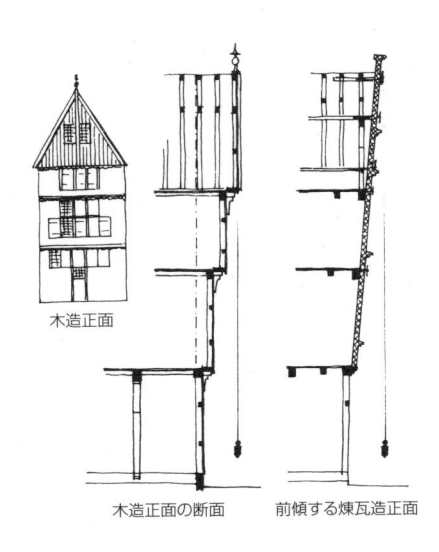

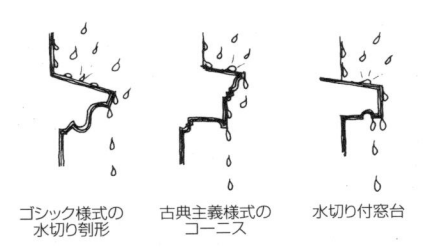

木造正面　　　木造正面の断面　　前傾する煉瓦造正面

ゴシック様式の　　古典主義様式の　　水切り付窓台
水切り刳形　　　コーニス

を笠石として、端から端まで被せてある。窓は突き出ている自然石の窓台を持ち、窓枠の上には帯状の鉛が付いている。さらに煉瓦壁からも雨水を排出するために、各階の壁の端から端まで鉛の帯が埋め込まれている。残念なことに現代の建築家は刳形を「機能的」でないと見なし、取り去ってしまった。その結果が汚い壁面と傷んだ煉瓦積みである。

旧い街の住宅は殆どの場合、幅の狭い側が通りと境を接している。正面の壁には通常3つの窓が並んでいるが、時に2つまたは4つの場合もある。2つ分の幅を持つ区画では、通常中央に入り口を持ち、正面の間口に5つの窓がついている。

幅の狭い側が通りに面している家には屋根を塞ぐものが必要であり、これが破風である。古い木造家屋のものは単なる三角形だった。しかし煉瓦壁と傾斜した屋根の繋ぎ目を塞ぐのは難しい。最も簡単な方法は、破風に2つの矩形の「肩」を与えることである。そのために先端の傾斜する縁はロラーフで仕上げられ、頂部で再び矩形が立ち上がる。これが「吸口型破風」で、時には石が被せられペディメントや彫刻も備え付けられた。

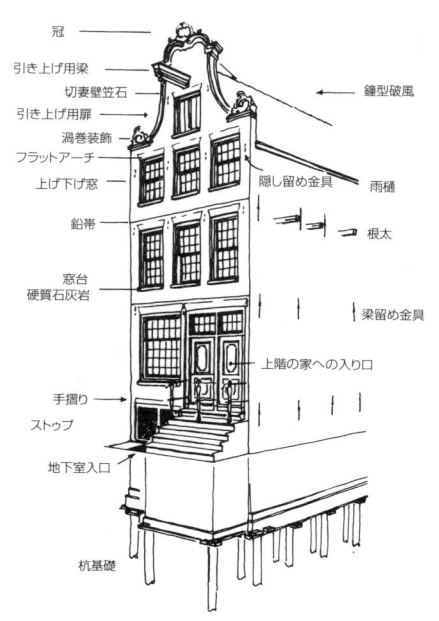

17世紀初頭に最も一般的な形式だったのは階段破風であり、これは頂部の両側が階段状に積まれていた。階段には砂岩の板を被せてある。先端には細い煉瓦造の付け柱があり、その上に砂岩の球、花瓶または獅子が載っている。階段破風には風や雨に翻弄される箇所が多く、充分な手入れを必要とした。

17世紀後半、破風は矩形の首型破風を得た。これは屋根をすべて閉じるのではなく、両側に砂岩の彫刻、クラウゥストゥク（渦巻装飾）を載せている。石工は18〜20フィート（5〜5.65m）の標準的な正面のために作った在庫から調達した。それがぴったり合わない場合は削ったり、あるいは別の渦巻飾りや花瓶を補ったりした。首型破風の変り種は、独自の渦巻装飾を備える小さな中階を持つ、背高首型破風である。

多種多様な釣鐘の形をした釣鐘型破風も作られた。その括れた線は殆ど屋根の縁に触れそうである。簡素な破風はロラーフと先端の丸い笠石で覆われ、砂岩の渦巻飾り2つが足元に華を添えており、これが大抵ルイ15世様式だった。

図中ラベル：
- 冠
- 引き上げ用梁
- 切妻壁笠石
- 引き上げ用扉
- 渦巻装飾
- フラットアーチ
- 上げ下げ窓
- 鉛帯
- 窓台 硬質石灰岩
- 手摺り
- ストップ
- 地下室入口
- 杭基礎
- 鐘型破風
- 隠し留め金具
- 雨樋
- 根太
- 梁留め金具
- 上階の家への入り口

真束
派風板
木造正面

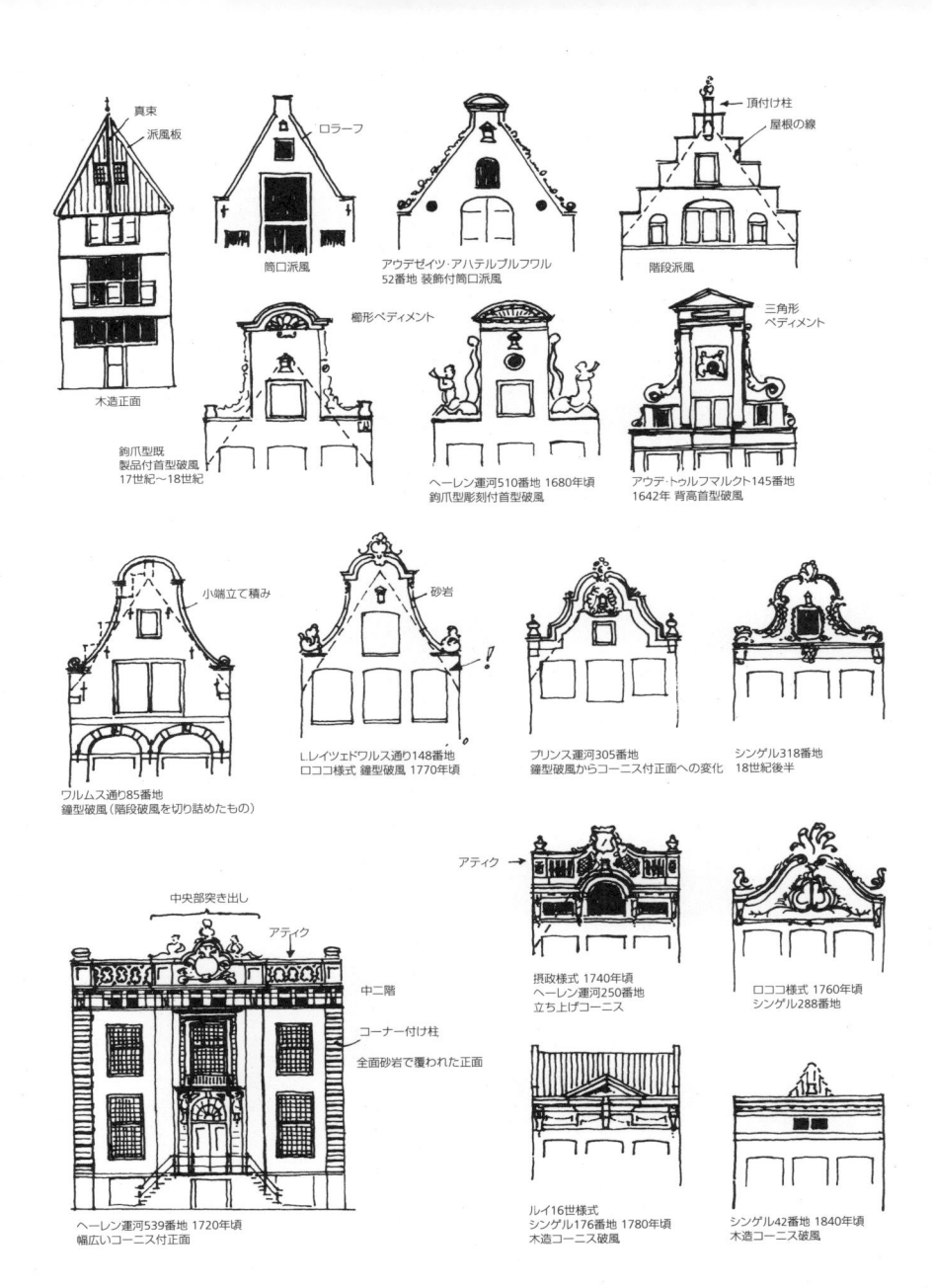

ロラーフ
筒口派風

アウデゼイツ・アハテルブルフワル 52番地 装飾付筒口派風

階段派風

頂付け柱
屋根の線

鉤爪型既製品付首型破風 17世紀～18世紀

櫛形ペディメント
ヘーレン運河510番地 1680年頃 鉤爪型彫刻付首型破風

アウデ・トゥルフマルクト145番地 1642年 背高首型破風
三角形ペディメント

小端立て積み
ワルムス通り85番地 鐘型破風（階段破風を切り詰めたもの）

砂岩
Lレイツェドワルス通り148番地 ロココ様式 鐘型破風 1770年頃

プリンス運河305番地 鐘型破風からコーニス付正面への変化

シンゲル318番地 18世紀後半

中央部突き出し
アティク
中二階
コーナー付け柱
全面砂岩で覆われた正面

ヘーレン運河539番地 1720年頃 幅広いコーニス付正面

アティク
摂政様式 1740年頃 ヘーレン運河250番地 立ち上げコーニス

ロココ様式 1760年頃 シンゲル288番地

ルイ16世様式 シンゲル176番地 1780年頃 木造コーニス破風

シンゲル42番地 1840年頃 木造コーニス破風

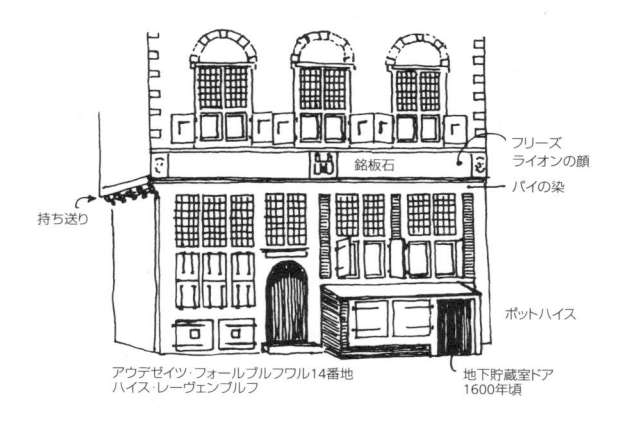

建物正面下部（パイ）

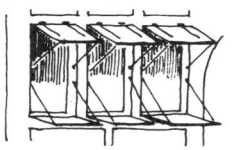

上方折りたたみ式よろい戸は庇となる

下方折りたたみ式よろい戸は売り台になる

彫刻されたパイの梁
アウデゼイツ・フォールブルフワル22番地
1610年頃

フリーズ
ライオンの顔
銘板石
パイの染
持ち送り
ポットハイス
地下貯蔵室ドア
1600年頃

アウデゼイツ・フォールブルフワル14番地
ハイス・レーヴェンブルフ

吊り部屋

デ・エーンドラハト　聖ペトルス　ノアの箱舟　聖ヤン　アルセンデルフトの紋章

ザントフーク2-7番地　1657〜1660年に建設され、18〜19世紀に改装された。パイの梁と柱は残されている。

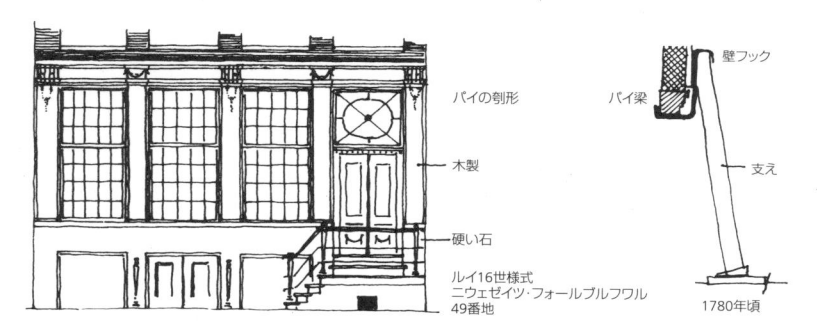

パイの刳形
木製
硬い石

ルイ16世様式
ニウェゼイツ・フォールブルフワル
49番地

壁フック
パイ梁
支え

1780年頃

運河沿いの邸宅の幅広い正面は、屋根が通りに平行に走っているので、上部は通常水平に覆われていた。これはコーニス付正面と呼ばれている。コーニスのフリーズには、しばしば屋根裏部屋の小さな窓がはめ込まれた。この上に、部分的に透けて見える構築物、アティクが走り、その中央には大抵豪華な彫刻が飾られ、そこに持ち主の紋章がつくことも多い。

　これより間口の狭い正面でも、多少なりとも水平に覆う試みがあるが、これにはちょっと問題が生じる。それは、多くの場合、正面中央に装飾付きの荷揚げ用扉が備え付けられているからである。18世紀末になって再登場した古典主義が、真っ直ぐな木製のコーニスを持ち込んだ。

　建物の正面は、近代化や修復を通じて様々な時代の要素を見せる。ルネサンス様式の階段破風は釣鐘型破風へ改築され、古典主義的な付け柱の付いた破風には、新たにアティクを備え、背後に新しい低い屋根を持たせたりした。壊れた煉瓦壁の頂部が木造のコーニスに置き換えられることは頻繁にあり、その上に屋根の棟が突き出ている。

　一般的にこのような改造は、維持管理が楽になるように、正面の形の簡略化へと導いてゆく。そして社会の経済状態に歩調を合わせて建築形態の硬直化が進行していった。

　正面の最下層はパイと呼ばれる。中世後期、正面は完全に木造だった。パイは何本かの柱で構成され、その間はドアか窓が交互した。窓には鉛で枠付けしたガラスがはめられた。15世紀になると、パイより上の部分の壁は煉瓦造になっていった。煉瓦壁はパイの柱の上に架けられた梁の上に載った。木造の正面壁は各階ごとに少しずつ出ているが、その効果はパイの梁の上端部分を飛び出させ、木彫で装飾することによって維持された。

　開口部の一番上の列には鉛で枠付けしたガラスがはめられ、その下にはよろい戸が付き、しばしば商品の陳列棚の役目を果たした。そのために、よろい戸の下半分は下方へ折り曲げられ、上半分は日除けや雨除けとしてはね上げられた。日除けの幅は1.25mを超えてはならず、また通りから最低2.25mの高さに吊らねばならなかった。これは看板についても適用された。狭い通りでは何物も30cm以上飛び出てはならなかった。日除けは頻繁な手入れが必要であり、増加する交通によって傷つきやすいことが明らかであり、初期のものは1つも残っていない。

　17世紀になっても小住宅のパイは殆どまだ木造のままだった。もちろん幾世紀の間には、例えば木製の組子や上げ下げ窓へと繰り返し改装されてきたが、まだ多くの場所で木造の柱が立っていた。天井の高い正面の部屋に吊り部屋が加えられると、必要に応じてパイの区画もそれに合わせた。

　18世紀になっても低層部分にパイを持つ正面が建てられたが、それは古典主義の範疇に属する付け柱のついた窓や主階の窓の上にコーニスなどを持つ。時には木造のパイが完全に煉瓦積みに置き換え

正面

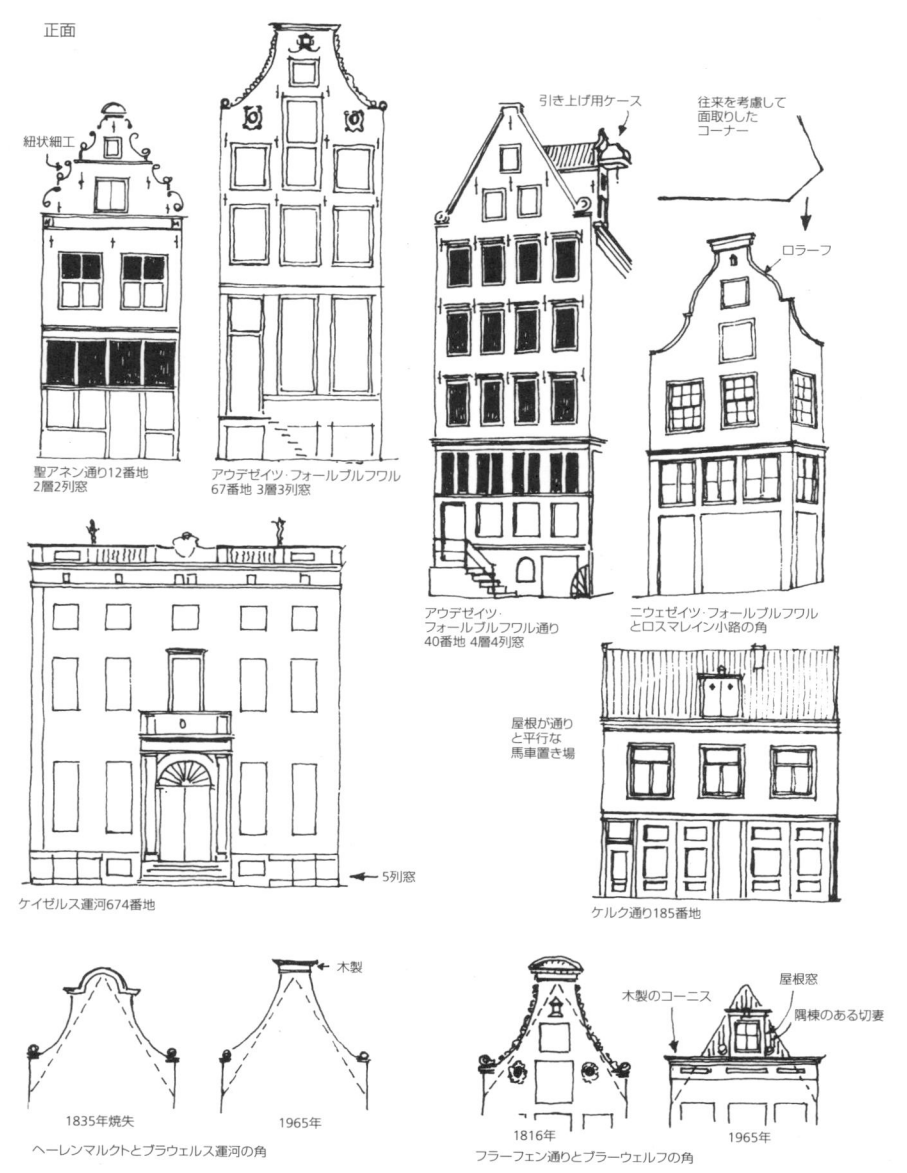

紐状細工

聖アネン通り12番地
2層2列窓

アウデゼイツ・フォールブルフワル
67番地 3層3列窓

引き上げ用ケース

往来を考慮して
面取りした
コーナー

ロラーフ

アウデゼイツ・
フォールブルフワル通り
40番地 4層4列窓

ニウェゼイツ・フォールブルフワル
とロスマレイン小路の角

5列窓

ケイゼルス運河674番地

屋根が通り
と平行な
馬車置き場

ケルク通り185番地

木製

1835年焼失　　1965年

ヘーレンマルクトとブラウェルス運河の角

木製のコーニス　屋根窓

隅棟のある切妻

1816年　　1965年

フラーフェン通りとブラーウェルフの角

破風上部の単純化

られた。それでも、正面上部を改装する際には支持が必要なため、多くの場合パイの梁は残された。

しかし古い木造のパイには、基礎の沈下や柱の腐食による問題が起こり得る。パイの梁にはまだ救済の道がある。鉤付きのつっかいを置き、パイを支えるのである。これは街中のあちこち、特に両面に梁が載る木造のパイを持つ、傷みやすい角の家でよく見かける。

元の正面　1666年
十字型窓ペディメント煙突付きの高い屋根
ヘーレン運河476番

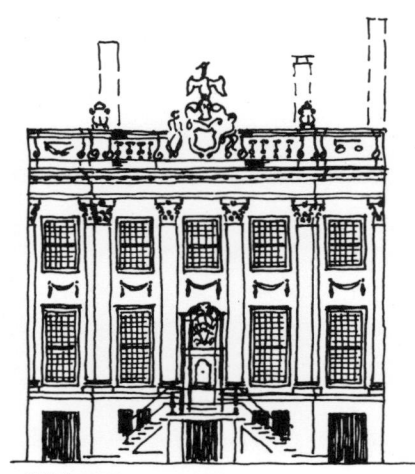

改装後の正面　1730年以降
上げ下げ窓アティック、高い煙突付きの低い屋根

窓とガラス
Vensters en glas

窓は光と新鮮な空気を取り入れるためのものである。窓は木製のよろい戸やガラスで塞ぐことができる。開口部が中央の垂直な柱と、それと交差する水平材で仕切られていたら、それは十字形窓と呼ばれる。1550年、ネスとアウデゼイツ・フォールブルフワルの間の質屋に砂岩の十字形窓が作られた。下の枠には、好ましくない人たちによじ登って中に入って来られないように、内側に鉄棒が垂直にはめられていた。窓の開口部には木製の窓枠（コゼイン）を装填して、その周囲の煉瓦積みの支えとすることができる。オランダでは殆どの場合、最初に窓枠を置き、その周りに煉瓦が積まれるが、他の国々ではまず壁に穴を穿ち、そこに細い窓枠をはめ込むのが普通である。ガラスは窓枠の中の建具に固定され、これを水平か垂直に回転または滑らせることができる。

殆どの十字形窓は17世紀末まで作られた。上の2つの開口部は約10×15cmの窓ガラスで塞がれるが、これはH型の鉛棒で固定されている鉛枠付きガラスである。水平の細い鉄棒が窓ガラスを補強している。時には、窓枠の下2つの開口部にも、よろい戸の内側に鉛枠付きガラス窓が取り付けられることがある。

大工はギルド審議会の監督下で十字形窓を作ると、棟梁の称号を獲得できた。この様子はヨルダーン地区、エーヘランティールス運河沿いの石の銘板に見られる。

1650年頃になるとガラスの質が向上し、ガラス板は約20×25cmと大きくなった。しかし鉛ではこの大きさのガラスを支えるには柔らかすぎたため、木製の組子に替えられた。

また、2つの開口部が横に並ぶ窓枠、二区画窓も作られたが、以前はボルコゼインとも呼ばれていた。破風の上部では屋根裏のよろい戸の両側にわずかなスペースしか残らないので、普通の窓を作ることができないことが多い。そこで石の装飾で囲まれた楕円形の窓が登場した。これはウイユ・ドゥ・ブフ（仏語）、牛の目と呼ばれた。

教会の大きな窓は18世紀まで鉛枠付きのガラスだった。これは石の支柱と水平な鉄の棒によって仕切られていた。17、18世紀のこの種の窓は、鉄の窓枠を持っていることがあったが、1800年頃から錆びたものが木製の窓枠に置き換えられた。鋳鉄製の窓枠も用いられ、その最初のものはロンデ・ルテールセ教会で、1822年の火災の後に採用された。

1685年頃、十字形がなく、上の部分が固定され、下の部分が滑ることができる新しいタイプの窓枠、上げ下げ窓が登場した。最初の上げ下げ窓は、その横幅に5枚のガラスが木製の組子にはめられていた。1750年頃、ガラスの質はさらに改良され

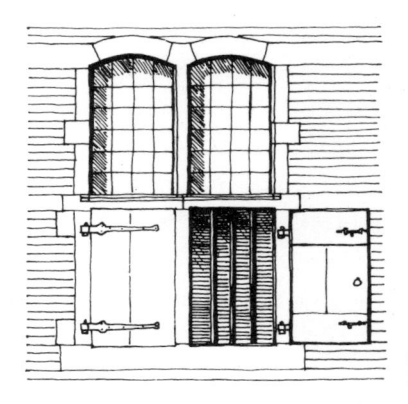

ウイユ・ドゥ・ブフ
楕円形の屋根裏窓

1550年
石造十字形窓
質屋、ネスとアウデゼイツ・フォールブルフワルの間

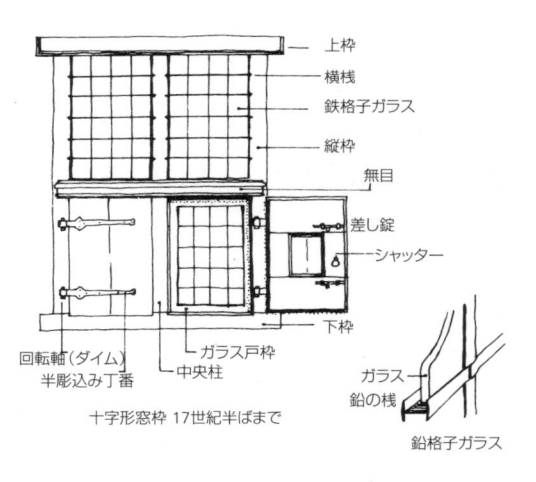

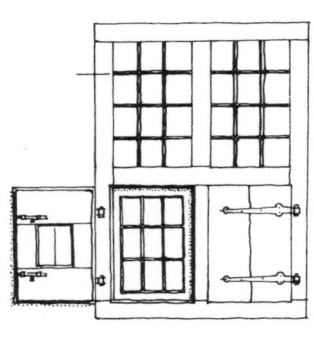

上枠
横桟
鉄格子ガラス
縦枠
無目
差し錠
シャッター
下枠
回転軸(ダイム)
半彫込み丁番
ガラス戸枠
中央柱

ガラス
鉛の桟
鉛格子ガラス

十字形窓枠 17世紀半ばまで

十字形窓枠 17世紀後半

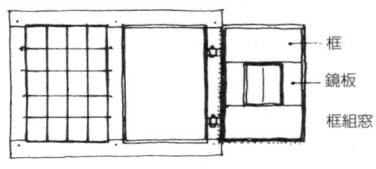

框
鏡板
框組窓

鉛格子 ガラス付2区画窓

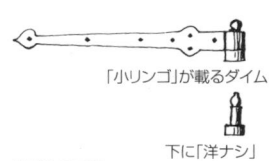

「小リンゴ」が載るダイム
下に「洋ナシ」
半彫込み丁番

65

必要なガラスは4枚だけになり、1800年頃までにはわずか3枚か2枚となった。しかし2枚の窓は、ガラスが大変大きいので、まだ高価だった。これは高級な運河沿いの住宅だけに見られた。1790年頃、ヘーレン運河495番地の家が改装された際、表側の窓の幅には2枚のガラス、裏側には3枚のガラスが嵌められた。当時の住人を嘲笑する詩がこう書いている。「この家の持ち主は偉大なるシックス（ヤン・シックス、市長）である。彼は表側の体裁は整えるが、裏側には何も（ニックス）しない」

18世紀末にはフランス窓が流行した。これらは窓枠なしで細い縁取りを持っている。1650年、ダム広場の王宮の建設以前にもすでに用いられていたが、一般的に普及するまで一世紀半を要した。この窓は殆ど床まで達しているため、開いた窓から人が外へ落ちないようにバルコニーの柵（フランス・バルコニー）が付いている。

1811年にフランスの税制が導入され、1896年まで効力を持ったが、これがドア

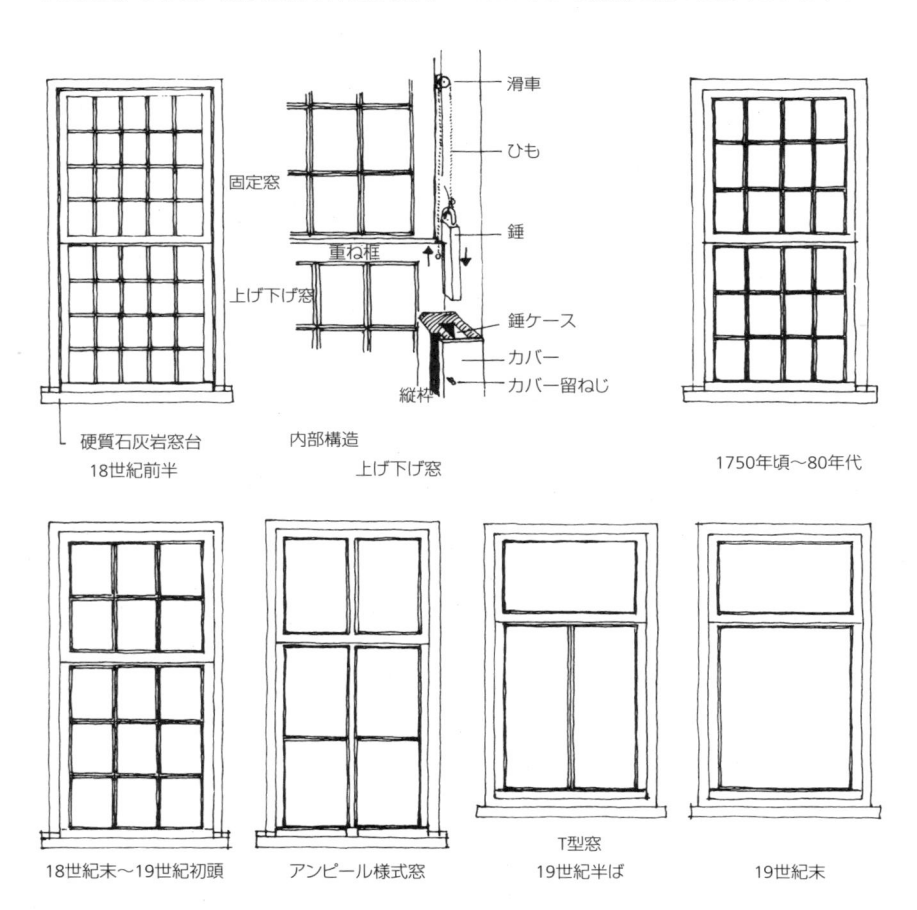

硬質石灰岩窓台
18世紀前半

内部構造
上げ下げ窓
滑車
ひも
錘
重ね框
錘ケース
カバー
カバー留ねじ
縦枠
固定窓
上げ下げ窓

1750年頃～80年代

18世紀末～19世紀初頭

アンピール様式窓

T型窓
19世紀半ば

19世紀末

や窓にかかる税金をもたらした。当時、多くの窓が煉瓦で埋められたことは少しも不思議ではない。しかしこれも1833年以降は意味を失った。何故ならばそれ以降、煉瓦で埋められた窓にも税金が適用されたからである。

1850年頃から工場生産されたより廉価なガラスが市場に出回るようになり、質素な家の上げ下げ窓でも横幅に2枚のガラスを嵌めることを可能にした。それに嵌め殺しの上部、明り取りの部分もたった一枚のガラスで満たすことができるようになり、こうしてT型窓が生まれた。

アムステルダム派は小さなガラスへと回帰したが、しかしそれ以降はますます大きなガラスが、特に店舗のショーウィンドウで用いられている。

多くの窓は何世紀もの間に改造され、本来の十字形窓は殆ど残っていない。人々が自分の家に幾分かでも、より当世風な外観を与えたいと望んだため、上げ下げ窓のガラスの枚数は減り続けた。しかし修復の際に古い形に復元されることもしばしばある。

ガラスは正確には固体ではなく、まだ結晶化していない冷却した液体である。石灰、砂および炭酸カリウムまたはソーダを約1100度の温度で溶融した混合物である。11世紀以後、窓ガラスは白熱した蜜状のガラスから鉄の棒で球を「摘み取り」、それを厚さ数ミリ、直径1m弱の円盤になるまで伸ばして作られた。16世紀になると、この球を振り回して直径40cm、長さ1.2mのガラスの、「キンデルバロン(子供の長いゴム風船より)」にし、これを平板にすることで、平らな窓ガラスを作ることが可能になった。さらに19世紀以降のガラスの工業生産では、まだ熱いガラスがローラーの間で上へ引き上げられた。その部分が冷やされ、板状に切断される。

窓ガラスは要求された大きさに切り取られる必要がある。最初の方法は、赤熱した切断用の鉄を上から当てた。一番上の層は溶け、その下の層に亀裂が入る。もし割れ目が望みどおりにできない場合、小片は摘み取られる。これを「フライゼレン(破片)」という。18世紀のガラス職人はダイヤモンドでガラスを切断したが、現在では硬い鋼鉄の輪で切っている。ガラス職人の仕事場は、昔も今も、あらゆる色ガラスの破片や板などの雑多な寄せ集めのようだ。

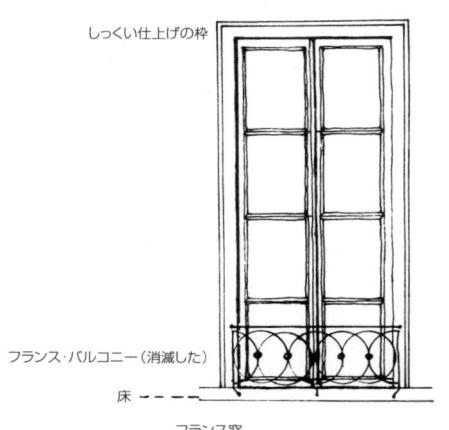

フランス窓
フランセ・スハウブルフ(クライネ・コメディ)
アムステル通り56番地
A.v.d.ハルト1786年

ガラス工房　　　　　　　　　　　　　　ガラス

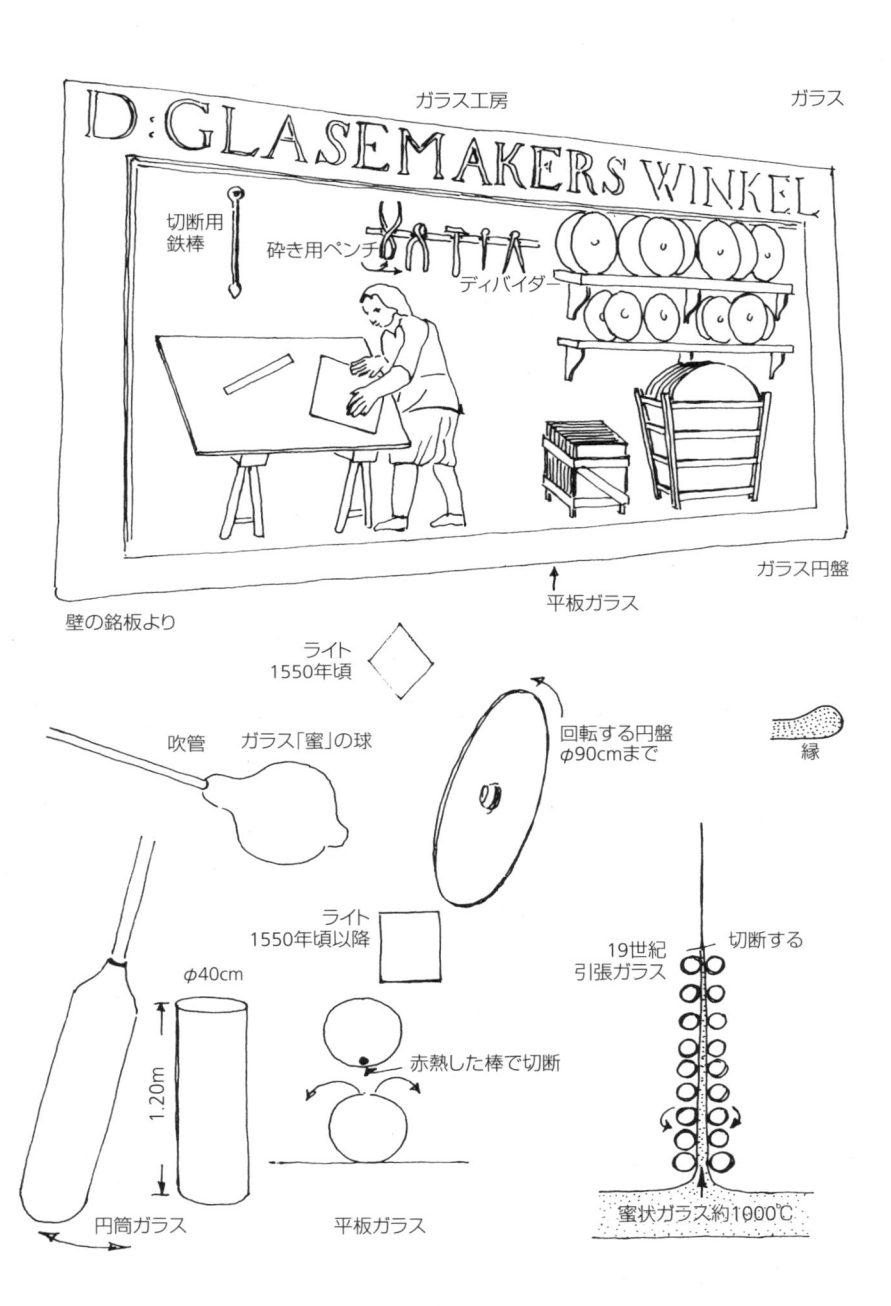

D: GLASEMAKERS WINKEL

切断用鉄棒
砕き用ペンチ
ディバイダー
平板ガラス
ガラス円盤
壁の銘板より

ライト 1550年頃
吹管　ガラス「蜜」の球
回転する円盤 φ90cmまで
縁

φ40cm
1.20m
円筒ガラス

ライト 1550年頃以降
赤熱した棒で切断
平板ガラス

19世紀 引張ガラス
切断する
蜜状ガラス約1000℃

68

1550年頃までガラスの円盤からカットされる一片は幾何学的なライト（ひし形）をしていた。後には、より大判の長方形に切断されたが、窓ガラスはどんな形になろうと常に「ライト」と呼ばれてきた。

　混合物の中に微量の金属酸化物があるとガラスに色がつく。砂は鉄分を含んでいることが多く、これがガラスを緑色にする。このガラスは、外から見る人には緑色に見えるが、内側からは殆ど色が見えない。ガラスはまた変色することもある。1750年から1800年頃のドイツ中部で作られた透明な種類のガラスの場合がそうで、風化すると紫色になる。紫色は秘密の製法によるものだと今でも主張されているが、実際は概ねガラスの質が良くないのである。言い換えれば、製法の秘密などではなく、製法の誤りなのである。

　ガラスは濃い茶色の塗料で絵を描くこともできる。そのガラスを600℃以上まで熱して焼き付ける。この焼いた絵付けガラス（ステインドグラス）もまた様々な色が生じる。銀化合物を塗ると、明るい黄色になる。こういった技法と色付きガラスを用いることによって魔法の世界を創造する。旧教会と新教会で、その好例を見ることができる。

　厚さが約1cmの鏡用ガラスは砂地層の上で鋳造された。固まったら、両面が平らでつるつるになるまで磨かれる。裏側はスズと水銀の混合物の箔が押され、ガラスと箔の間の空気を追い出す。これはとても不健康な仕事であり、鏡用ガラスは決して大きなサイズにはならなかった。古い鏡は、それを構成するガラスの枚数によって識別することができる。

ストゥプ
Stoepen

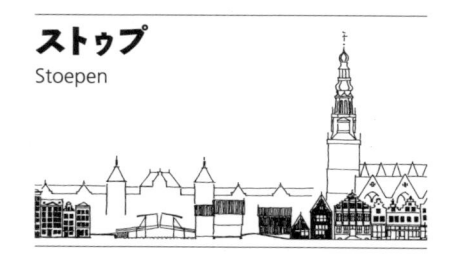

　アムステルダムにおいて、ストゥプとは家の前の舗装された細長い土地で、場合によっては囲まれている。そこは住まいの主階入り口への階段と、公道より少し高く、通常青い硬い石を敷いてある平坦な部分によって占められている。自分の敷地として硬い石の柱を目印に立て、時にはその間を鉄の鎖で繋いだり、鉄柵で囲んでいる。しかし今日では多くの場所、特に小さい通りでは、個々のストゥプは市の所有であり、もはやこれが独立した土地とは殆ど認識されない。

　主階の床は通りから7〜9段ほど上がったところにある。最も簡単な階段は、木や石でできており、まっすぐドアに向かって傾斜している。しかし大抵は、階段が正面壁と平行に走り、ドアの前に踊り場がある。このようにして訪問者は往来に直面することなく、安心して階段を昇り降りできるのである。踊り場は室内の床と同じ高さの場合もあるし、1〜2段下がっていることもある。ストゥプの踊り場の柵には、大抵ベンチが置かれている。

　小さい家は正面の片側に外階段がつくが、間口の広い家は殆どの場合両方向に階段を持つ。最も簡単な踏み段は四角い形状だが、通常は丸みのある断面をもつ。場合によっては、彫刻を施した優美な自然石「ハルプストゥック(ハープ形の部品)」で側面が覆われることもある。

　通常、手摺りは鋳鉄製の支柱(バルーステル:手摺子)に支えられるが、この支柱は一般の店でも買うことができる。これには単純なものもあるし、あるいはストゥプが造られたり改装されたりした様式につながる、特別な形をしているものもある。アドリアーン・ドルツマンは堂々とした運河沿いの住宅に、鉄柵の付いたストゥプを正面に据えた最初の人だった。後にこの形式はフランス式の手本に倣っているとされ、頻繁に応用された。

　地下への入り口は大抵踊り場の下にあるが、時には階段の隣で2、3段下がった所にある。地下室への通気孔は通常はね上げ戸で覆われているが、時には地下の仕事部屋や倉庫への低いドアがついている。19世紀には、出入り口が地下へと移動したため、多くの外階段が姿を消した。

　建物が密集する都市の中心部では、土地は常に不足している。角の家の住人は、地下室を増築し(ポットハイス)、貯蔵所や仕事場として使用することによってこ

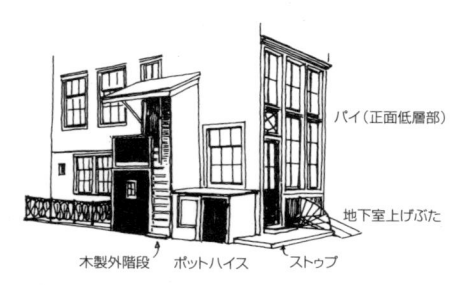

ブラウェルス運河通りとビネン・ブラウェルス通りの角

木製外階段　ポットハイス　ストゥプ　地下室上げぶた　バイ(正面低層部)

の問題を多少なりとも解消している。しかしすでに16世紀には、家の前の空間にいっぱいに建築することを制限する規則があった。

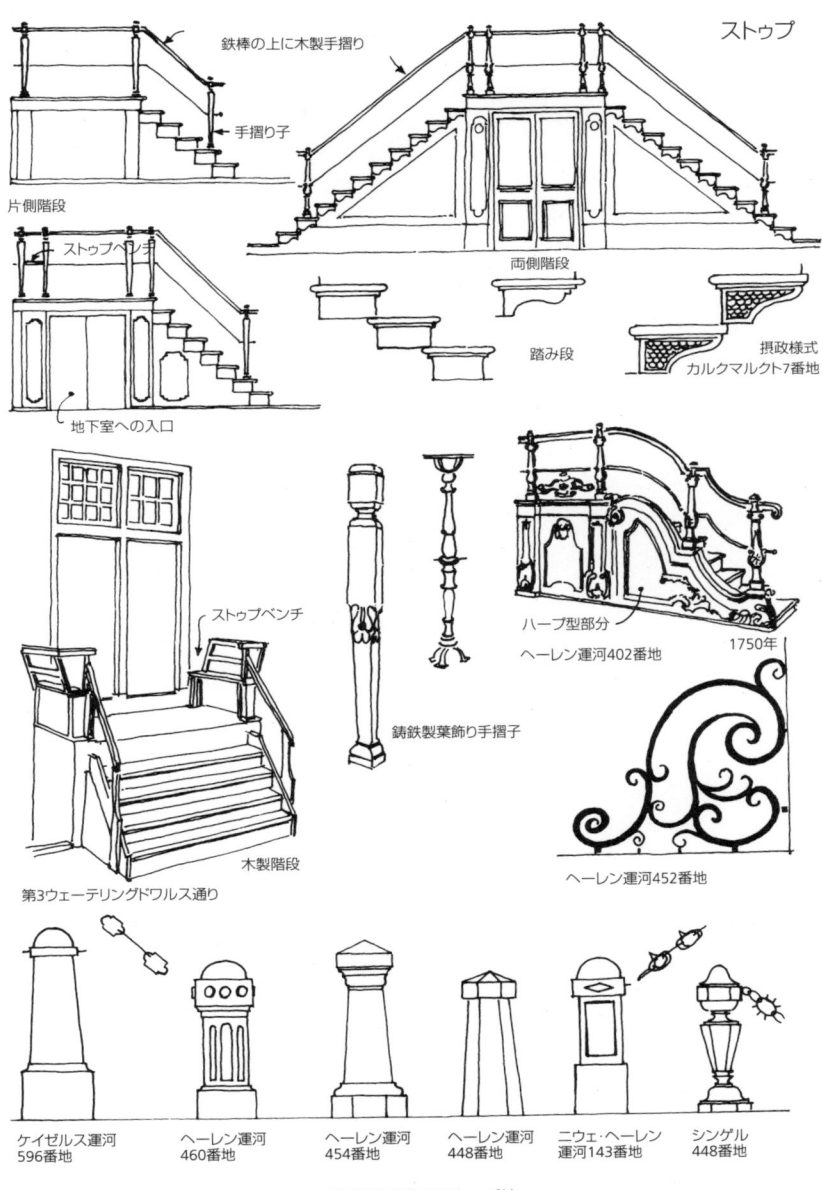

鉄棒の上に木製手摺り
手摺り子
片側階段
ストゥプ
両側階段
ストゥプベンチ
地下室への入口
踏み段
摂政様式
カルクマルクト7番地

ストゥプベンチ
ハープ型部分
ヘーレン運河402番地
1750年
鋳鉄製葉飾り手摺子
木製階段
第3ウェーテリングドワルス通り
ヘーレン運河452番地

| ケイゼルス運河596番地 | ヘーレン運河460番地 | ヘーレン運河454番地 | ヘーレン運河448番地 | ニウェ・ヘーレン運河143番地 | シンゲル448番地 |

硬質石灰岩のストゥプ杭

装飾
Ornamenten

　装飾の多くは、その形態を自然から採っている。古典主義建築、とりわけコリント式とコンポジット式の柱頭ではアカンサス、ギリシアのハアザミの葉が特に多く用いられた。ゴシック様式では何よりもキャベツと葡萄の蔓である。

　ルネサンス様式は古典建築、主に古代ローマ建築へ立ち返った。エンタブレチュアの刳形は多彩に変化して用いられた。石造のアーキトレーヴとコーニスは、古代ギリシアの木造部分を翻訳したものであるが、極めて幻想的な装飾として応用された。それは枝付き燭台や手摺子にも見られる。アカンサスの葉に次いで好まれたモチーフは獅子の顔であり、フリーズの石板によく見られる。葉状の飾りも自然から借用したもので、17世紀半ばルトゥマ兄弟の作品でもたびたび扱われた。

　古代ローマ人は花や果実の花綱を建物に吊るした。これがオランダの古典主義ではフェストゥーンと呼ばれ、建物の正面には石造で、室内では彩色や金めっきされて頻繁に用いられた。また花網飾りにはしばしば蝶結び飾りが2つのつまみに掛けられた。ルイ16世様式の装飾にも蝶結びが蘇ったが、それはもっと襞をつけた形だった。

　ルイ様式はアカンサスの葉を無数に変化させて用いた。貝殻もまた用いられた。オランダ・ルネサンス様式では厳格な左右対称で、特にルイ15世様式、ロココ様式においては奇怪な形となり、とりわけ庭園の装飾に用いられた。様式化された花は、ルネサンス時代の薔薇型装飾として、そして19世紀の建物正面の留め金具にも見出せる。

　18世紀の末には、パルメット（しゅろの葉を様式化したもの）や中東のメアンデル川の蛇行する流れを表現したメアンダー（雷文）など、ギリシアの装飾が多く用いられた。

　こういった装飾は、入り口の上の明り取りに取り付けられるスネイラームに、幻想的に用いられた。通常これは木を彫ったものだが、豪華に金めっきされた錬鉄で作られることもあった。18世紀には家の所有者が自分の頭文字を取り込むことも多かった。このような装飾は運河沿いのストゥプの柵にも見られる。

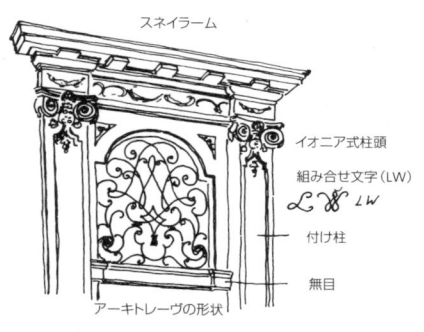

スネイラーム
イオニア式柱頭
組み合せ文字（LW）
付け柱
無目
アーキトレーヴの形状

ニウェゼイツ・フォールブルフワル284番地

壁の銘板もまた装飾に用いるにあたっては、豊富な可能性を提供する。それは昔からの看板を永遠に受け継いでゆくのである。

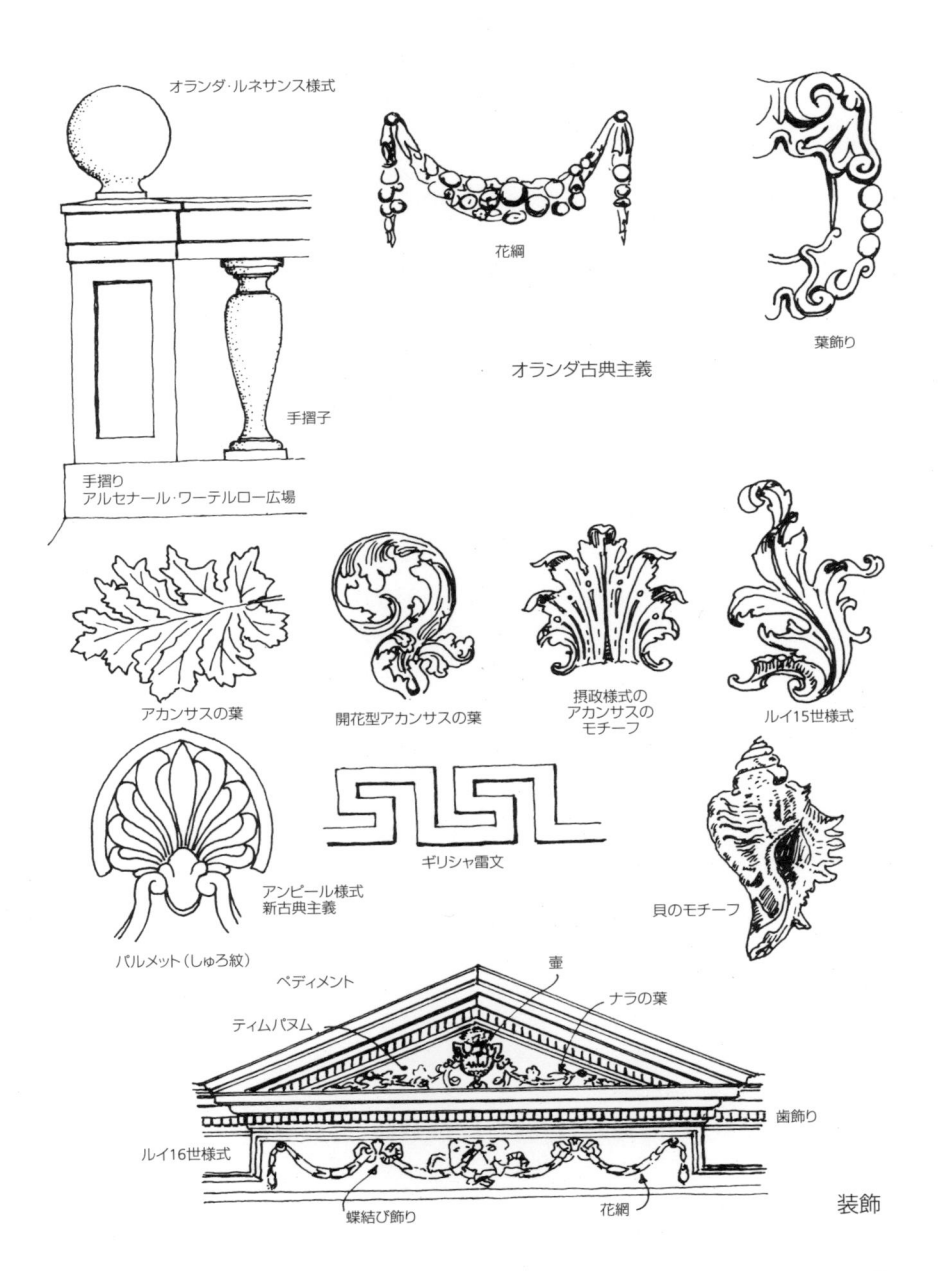

オランダ・ルネサンス様式
手摺子
手摺り
アルセナール・ワーテルロー広場

花綱
オランダ古典主義

葉飾り

アカンサスの葉
開花型アカンサスの葉
摂政様式のアカンサスのモチーフ
ルイ15世様式

パルメット（しゅろ紋）
アンピール様式　新古典主義
ギリシャ雷文
貝のモチーフ

ペディメント
ティムパヌム
壷
ナラの葉
歯飾り
ルイ16世様式
蝶結び飾り
花綱

装飾

73

引き上げ用の梁
Hijsbalken

　アムステルダムではどの住宅の正面にも鉤付きの梁が突き出ており、いつも町の外から来た人の目を引く。これは荷物の引き上げや、家具の移転などに、今日でも使用されている。誰もが引き上げ用の綱を持っているわけではないが、今でも「綱と滑車」を借りることができる。

　引き上げ用の梁は、永きにわたって建築法規に定着してきた。これは一体どのように発生したのだろう？　その昔、商品はエイ湾で平底船に移され、商人の家や倉庫の前まで運ばれた。それらは平底船から直接、家に引き上げられた。17世紀の住宅は普通、階段が狭いので、家財道具も窓を通して引き上げなければならなかったのである。

　そこで、どの家も引き上げ用の梁を持ち、これが正面から1m弱突き出し、屋根の梁にしっかりと固定されている。商人の家と倉庫には、フリーリング・ゾルデル（フリーリングより上の屋根裏）に木製の引き上げ機が設置されており、それに一列の鉄鉤が縁に付いた木の車輪が1つか2つ取り付けてある。この上を循環する綱が走り、床の穴を通ってすべての屋根裏倉庫へと達している。屋根裏部屋の床に使い古された穴を今でも見つけることがよくある。引き上げ機の車軸の周りに太い綱が巻かれ、それが引き上げ用の梁を通って、正面の壁を抜けて外へ導かれ地上へ達する。正面が前傾して立っているため、路上では荷物を綱で縛る十分なゆとりがあった。商品を保管する屋根裏では、循環する綱を用いて荷物を上に引き上げることができる。荷物がちょうど良い高さになったら、引き上げ用扉から荷を引き込むのである。

　ある家や大きな倉庫では、引き上げ機の車軸が壁を突き抜けていて、引き上げ用の綱は外側で直接車軸に巻き付けられている。引き上げ用車輪は内側で車軸に取り付けられている。壁の外へ突き出ている部分は、大きな、時には装飾付きの箱で覆われている。正面の壁が家に対して斜めに立っている場合、引き上げ用の梁は家の長手方向に添って取り付けられ、正面の壁からは斜めに突き出ている。そして引き上げ用車輪も家の側壁に平行に立っている。

　引き上げ用の梁は腐食するのを防ぐために鉛か亜鉛の小さな屋根で覆われている。これとは別に、通常梁の下周りも、そこにある綱と引き上げ用の鉤のために保護されている。洗練された家の正面では、引き上げ用の梁が目障りな存在だった。そこで、梁を小さなコロの上で引き出すことができるように作られる。その結果正面には小さな扉が見えるだけで、その背後に引き上げ用の梁の頭がある。

　先端に付け柱を持つ階段破風もまた、引き上げ用の梁を取り付ける場所がない

という問題が生じる。こういう正面壁では引き上げ用留め金具を代用としている。これは簡素な家や屋根窓にも有効である。

アムステルダム派には引き上げ用の鉤のついた鉄細工があるが、昔の引き上げ用留め金具にとてもよく似ている。

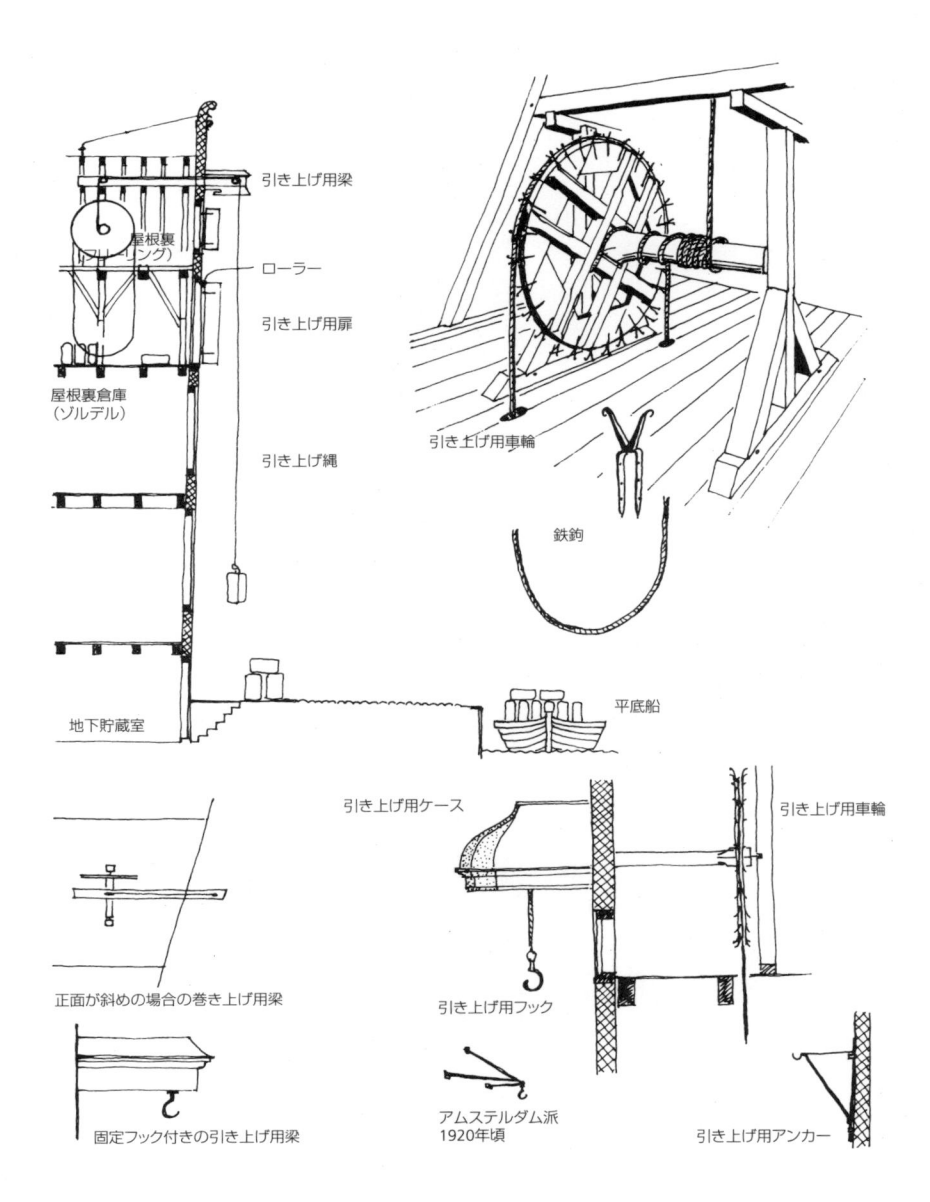

引き上げ用梁
屋根裏（ブリング）
ローラー
引き上げ用扉
屋根裏倉庫（ゾルデル）
引き上げ縄
地下貯蔵室
平底船

引き上げ用車輪
鉄鉤

正面が斜めの場合の巻き上げ用梁
固定フック付きの引き上げ用梁

引き上げ用ケース
引き上げ用フック
アムステルダム派 1920年頃

引き上げ用車輪
引き上げ用アンカー

倉庫
Pakhuizen

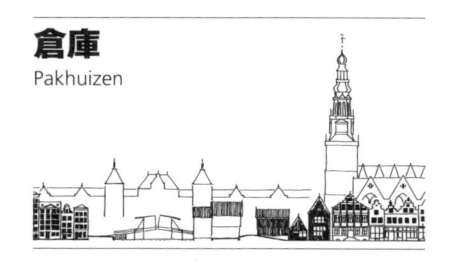

世界各地から船で大量の品物がアムステルダムに運ばれ、エイ湾上で平底船に積み換えられた。この船が、大抵水際に建っている倉庫まで品物を運んだ。かつては外からでも、何が貯蔵品かを匂いで嗅ぎ分けることができた。あるものはシナモンまたは干し魚を、他のものは鯨油の特別な桶を貯蔵していた。

倉庫には中まで陽射しが届く必要がないので、住宅よりも遥かに奥行きがあった。一般に階高も住宅よりも低かった。というのも商品を手作業で運び込むので、あまり高く積み重ねることができなかったからである。そもそも木造の床組は、過大な荷重を支えることができなかった。

大規模な倉庫では、本来の梁の中央下、長手方向に追加の支えとしてもう一本の梁を通し、それを2方向に支えをもつ柱、スタントフィンクの上に載せた。各階へは片側にある狭い階段によって連絡している。

時には2、3棟の倉庫が1つの正面に隠れている場合があるが、屋根はそれぞれが持つ。各屋根の間には、谷樋が走っている。このような建物正面は雨水の排水管が谷樋の高さにあることによって見分けることができる。また屋根裏を通り抜ける蓋のない樋、通称ケルンの樋を通って水が側面に排出されるものもある。

一般に、引き上げ用扉は上下に連なっている。扉と扉の間には床の梁が見えている。その梁の上には、品物を引き上げる際に傷つかないよう、よく鉄製の板か格子が取り付けられている。鉄のコロを付ける場合もあり、荷物を引き込む際に引き上げ用の綱がこれに沿って円滑に滑ることができる。

搬入された商品が、ある1つの商社の所

アウデ・スハンスの倉庫群　　1949年焼失　　大白鳥　　小白鳥
　　　　　　　　　　　　穀物運搬人

有物ということはよくあった。そこで倉庫が東インド会社（VOC）、西インド会社（VWC）、フルーンラント会社などの所属だということが分かる。並び立つ倉庫群の多くは、互いに調和する名称を持つ。例えば信頼、希望、愛情、この3つの建物は煙草の保管に使用された。

　商取引と輸送の形式の変化にともない、倉庫はその本来の機能を失った。近年、その多くが住居に改築されている。深い奥行きすべてを一軒の住居で使用するのは、もちろん実用的ではない。そこで、中央に光庭を作るために、一部分を取り払うことが多い。こうして各階ごとに2世帯の住居が生まれた。改修された倉庫は以前とは全く異なって見えるが、それは引き上げ用扉がいつも開いているばかりでなく、むき出しの開口部がガラス入りの窓に代わっているからでもある。その違いは特に夕刻に顕著である。倉庫の並ぶ運河通りの壁は、かつては暗かったが、今では明るく照らされている。

　こういった変化はあるにせよ、文化史的な見地からすれば古い倉庫が再利用されることは喜ばしいことである。

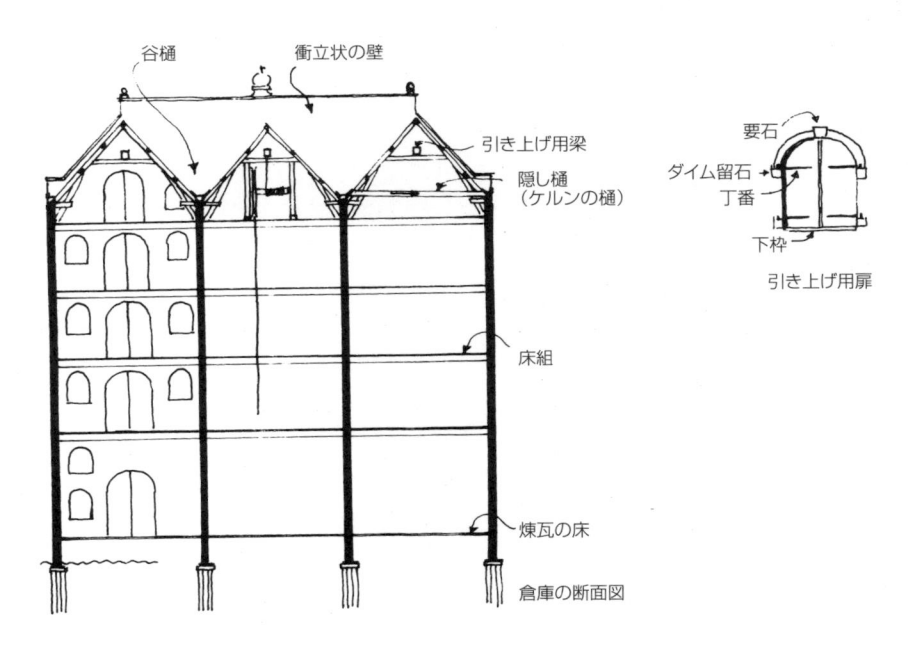

倉庫の断面図

谷樋
衝立状の壁
引き上げ用梁
隠し樋（ケルンの樋）
床組
煉瓦の床

引き上げ用扉

要石
ダイム留石
丁番
下枠

住宅
Huizen

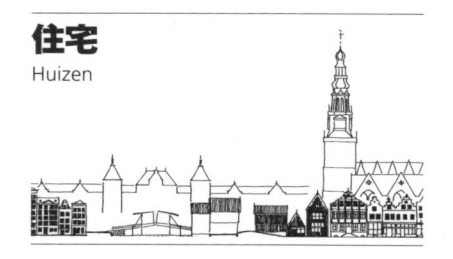

1200年頃、最初の家々が、その短い側をアムステル川に向けて建てられた。住宅の奥行きは10m以内で、幅は3.5〜5mだった。壁は厚板あるいは湿地に豊富に育つハンノキや柳の細い枝を編んだものである。床は粘土を踏み固めたもので、その上に編んだ筵を敷いた。居住空間には裸の炉火があった。

アムステルダム周辺の田園地帯では、家の屋根はヘビントの列で支えられていた。さらにヘビントの柱の外側にも背の低い空間、側廊がある。居住部分の、陽の当たる側の屋根は持ち上げられている。アムステルダム川の堤防沿いに重なるように密集して建つ家では、側面からは陽が差し込まないので、側廊は姿を消した。家と家は互いに約0.5m離れて建ち、雨水はその間の溝、オーセンドロップに落ちる。この言葉から、水を取り除くことを意味する今日のホーゼンという語の語源だと分かる。

最も古い住宅には一層の空間しかなかった。屋根裏の空間は煤と煙で使用できず、荷物の貯蔵庫や人の居場所を作ることは不可能だった。煙道が導入されて、ようやく屋根裏が使用できるようになった。1350年頃から2階建ての家が建てられ、その後ますます高くなっていった。14世紀には最初の煉瓦造の住宅も建てられた。木造住宅の側壁が煉瓦造になった時、軒は消滅し、共有する壁が建てられた。双方の家の梁は1つの壁に載っているが同じ高さである必要はなく、屋根の棟についても同様だった。

水位が高いことから、本格的な地下室は造られなかった。1階の下に空間はあったが、半地下のようなものだった。典型的なものは浮き地下貯蔵室で、これは建物の壁の内側で、いくぶん地下水の上に浮いている大きな煉瓦造の槽である。この方法で、予期せぬ時に地下水が地下室に入り込むのを防いだ。また緑と黄色の上薬のかかったタイルで裏打ちされた雨水用の水槽もあった。

15世紀には、1階の通りに面する部分に、時として高さが4mもある、天井の高い前室を持つ住宅が現れた。その上の階の床組は裏まで続いているが、奥の部屋の床は通りから1.5mほどの高さにある。こうして中2階が発生した。その下が地下室であり、その床は通りから1m低かった。

背の高い前室には、時々側面に木造の吊下げ部屋が造られ、寝室や仕事部屋に活用された。前室全体に中2階を造ることもしばしばあり、これは正面の窓越しに見ることができる。

住宅が2層以上になると、当然のことながら階段が必要となる。初期のものは木製の心棒に踏み段を螺旋状につけたもので、各階に踊り場があった。17世紀になると、踊り場で一旦休止して反対の向きに

住宅　　　　　　　　　　　　　　　　　　13-18世紀

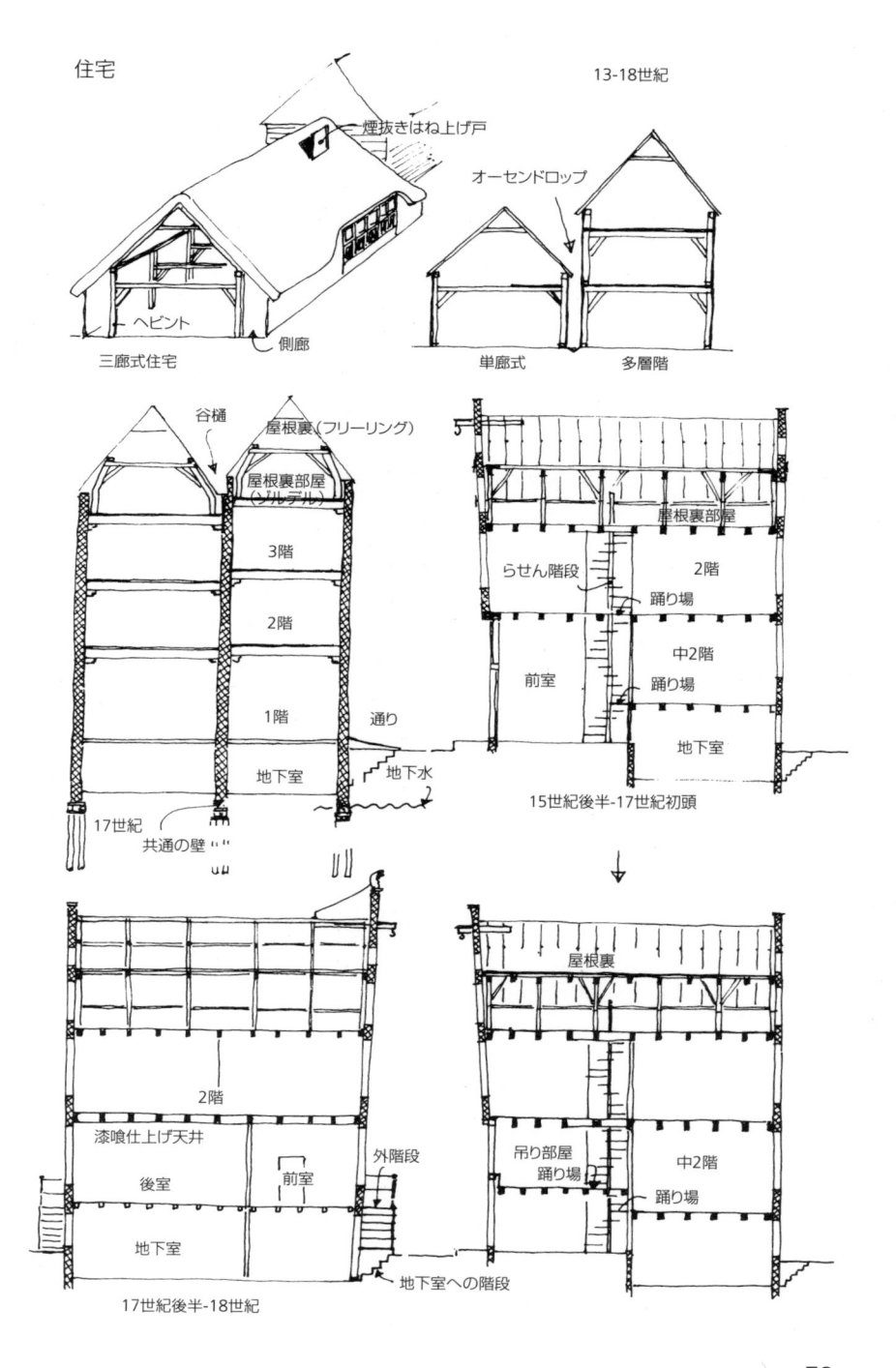

煙抜きはね上げ戸
オーセンドロップ

ヘビント
側廊
三廊式住宅　　　　　　単廊式　　多層階

谷樋
屋根裏（フリーリング）
屋根裏部屋（ソルデル）
3階
2階
1階
通り
地下室
地下水
17世紀
共通の壁

屋根裏部屋
らせん階段
2階
踊り場
前室
中2階
踊り場
地下室
15世紀後半-17世紀初頭

2階
漆喰仕上げ天井
後室　前室
外階段
地下室
地下室への階段
17世紀後半-18世紀

屋根裏
吊り部屋　中2階
踊り場　踊り場

79

上って行く直線階段が作られた。ルイ王朝時代の優美な建築には、ゆったりとした曲線、木と漆喰の豊かな装飾を帯びた豪華な階段が相応しかった。

17世紀には表側と裏側部分の床高さが同じとなり、その結果、地下室が家の奥行き全体に広がり、主階の床全体が通りから1～2mの高さに位置した。高貴な家の地階は、使用人の仕事場、例えば台所および住居となっており、正面から2、3段下がった所に専用の入り口があった。あまり裕福でない通りでは、地階は仕事部屋や店舗であり、時には住まいになっていることさえあった。

町の中心部の住宅には、主に2つの型があった。幅が5.6～8.5mの一区画の敷地には、間口が狭く奥行きの深い家が建てられ、幅14～17mの二区画の敷地には間口の広い家が建てられたが、これは一般に奥行きが間口より小さい。1622年、ヤーコプ・ファン・カンペン（王宮の設計者）はコイマンス兄弟のために、1つの正面の背後に2軒の住宅、現在のケイゼルス運河177番地を設計した。トリッペンハイスは1662年、鉄・大砲・タールの商人、トリップ兄弟のためにユストゥス・フィングボーンズによって設計され、クロフェニールスブルフワルに建てられた。建物の正面は古典主義の規範に従っており、その幅に奇数個の窓が並んでいる。双方の家の隔壁はちょうど真中に、つまり中央の窓の前に立っている。

多くの商人たちは運河沿いの家の屋根裏部屋（フリーリング・ゾルデル）を商品の倉庫に使用した。このことは中央の窓の敷居が他より少し低いことから今でも分かる。さらにフリーリングの上には、小さなよろい戸のついた屋根裏扉がある。

所有者自身が使用する住宅ばかりが建てられたわけではない。団体組織が賃貸用の住宅を建て、その収入を費用に充てた。あまり裕福でない人向けの、投機を目的とする賃貸住宅もしばしば建てられた。こういった建物は同じ正面が連続して並んでいることから、今でもそれと分かることがある。1つの家屋は複数の世帯、例えば地階、ストゥプの階、屋根裏部屋も使える上の階、からなっている。

その大部分が女性である、年老いて恵まれない都市生活者には無料の宿泊所、ホフヤ（養老院）が提供された。通常、幾つかの小住宅が中庭を囲んで建てられた。住まいは大抵たった一部屋で、暖房と調理用の暖炉、それに壁にたためるベッドがあった。水は中庭のポンプで汲み上げ、そこには共同の時計と便所もあった。今日の近代的な養老院は極めて人気が高い。中には貧しい老人を大広間に収容する大規模な建物もある。こういった老人ホームの幾つかもまた近代化され、今日でもその目的で使用されている。よく知られているのはアムステルホフで、ブラウ橋とマーヘレ橋の間、アムステル川に面してその輝かしい姿が見られる。

裏の家

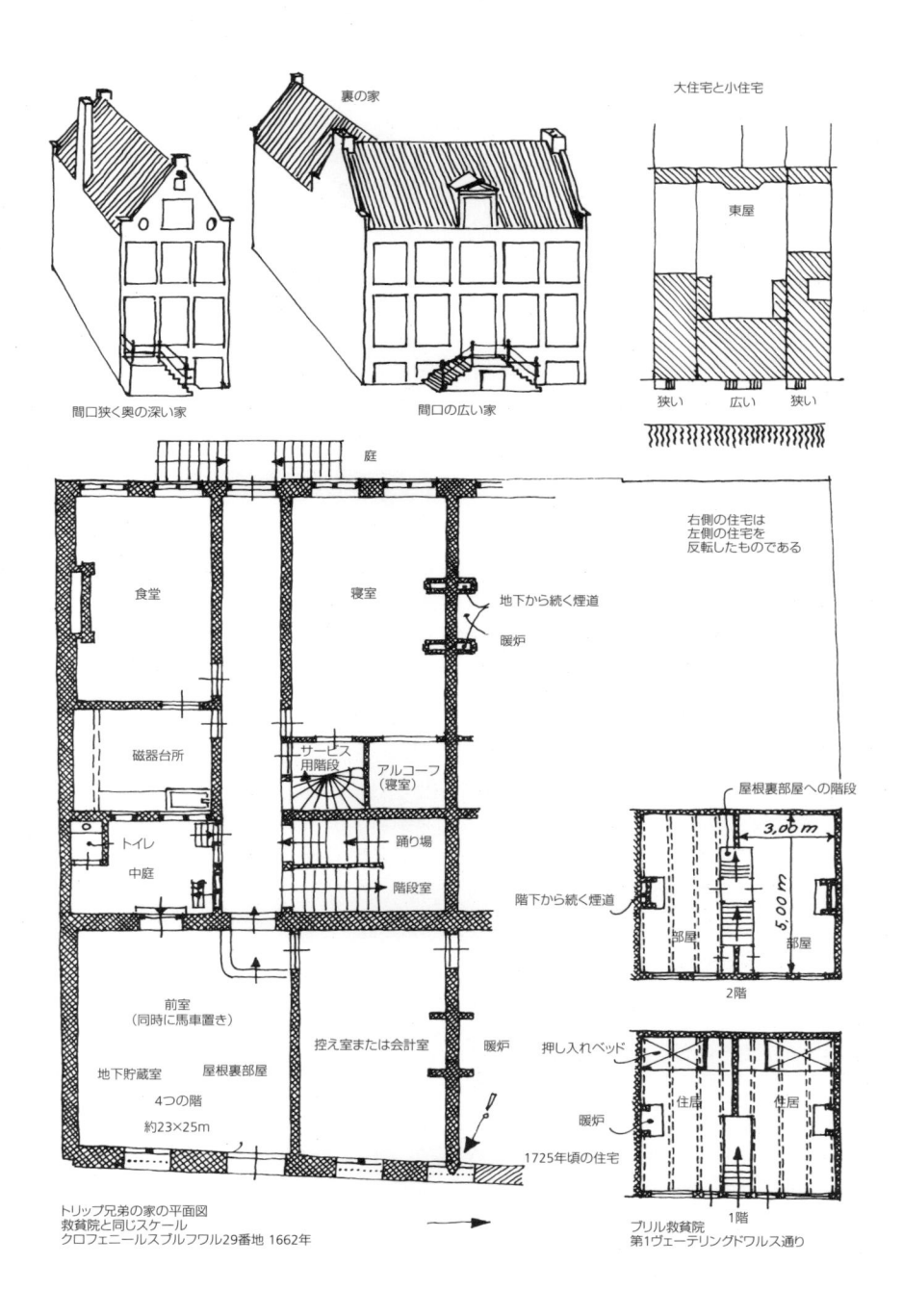

間口狭く奥の深い家

間口の広い家

大住宅と小住宅

東屋

狭い　広い　狭い

庭

食堂

寝室

地下から続く煙道
暖炉

右側の住宅は
左側の住宅を
反転したものである

磁器台所

サービス用階段

アルコーフ（寝室）

トイレ

中庭

踊り場

階段室

屋根裏部屋への階段

3.00 m
5.00 m

階下から続く煙道

部屋　部屋

2階

前室（同時に馬車置き）

地下貯蔵室　屋根裏部屋

4つの階
約23×25m

控え室または会計室

暖炉

押し入れベッド

暖炉　住居　住居

1725年頃の住宅

1階

トリップ兄弟の家の平面図
救貧院と同じスケール
クロフェニールスブルフワル29番地 1662年

ブリル救貧院
第1ヴェーテリングドワルス通り

住宅の構成
Indeling van Huizen

初期の住宅は一部屋からなっていた。15世紀になると、表と裏のほぼ中央に立つ、ガラス窓の付いた木製の壁によって2つの部分に仕切られた。こうして仕事部屋や入り口として使う前室と、暖房することが可能な奥の部屋とが生じた。やがて中二階が生じ、その下が地下室となった。通常、上の階は居住用や荷物の倉庫だった。間仕切り壁に添って螺旋階段が付き、地階から屋根裏まですべての場所へ連絡していた。

前室の床も、16世紀後半には高く持ち上げられ、専用の暖炉を持つ独立した控えの間が現れた。

運河沿いの住宅の住人は、金惜しみをしない生活様式のために、しばしばより多くの空間を求めた。通りや路地の交差点に面する角の家だけは、2つ以上の部屋を続けてとることが可能である。だが、両側に家が隣接する敷地では、中間の部屋に光が射さない。そこで母屋から数m後ろ側に、廊下でつながっているアハテルハイス（裏の家）が建てられた。その間の中庭が採光をもたらした。母屋の2階が居間と寝室であり、その上が倉庫になっている。

2つの区画を占める住宅は十分な空間が提供されるので、裏の家は必要なかった。重要な要素として階段室がある。その上の屋根には大抵、天窓があり、家の中央まで日光が届いている。地下室は、全ての家事と使用人の寝泊まりに使用された。こういう運河沿いの住宅が屋根裏倉庫を持つことはめったにない。

19世紀になると、多くの住宅で外階段が取り払われ、地階の入り口1つだけになった。

職人たちの住宅はより簡素な構成である。労働者たちは入り口の戸が幾つもついている賃貸住宅に住んだ。1つの入り口は地下室へ、ストゥプにある2つの扉はストゥプの階とその上の階への入り口である。19世紀の産業革命は、こういった人々の住環境を改善しなかった。労働者の居住地区では、4層の住宅が多く建てられた。上の階の住まいは表側か裏側のどちらか一部屋からなり、間仕切り壁の両側にアルコーブ（凹状の空間）があった。しかし便所は各階に1つずつしかない。「3つ上って後ろ側」というような表示はこの時代のものである。

19世紀後半に住宅組合が設立され、労働者のための適切な住まいを目指した。20世紀初頭には、アムステルダム派の建築家たちによる活躍もあり、はるかに良質な住宅街区が建てられ、彼らの闘いは有終の美を飾った。しかし部屋はまだまだ狭く、窓は相当小さく、窓台もかなり高く据えられていた。その点が改善され、すべての住宅が然るべき浴室を持つようになったのは、1940年以降のことである。

住宅の構成

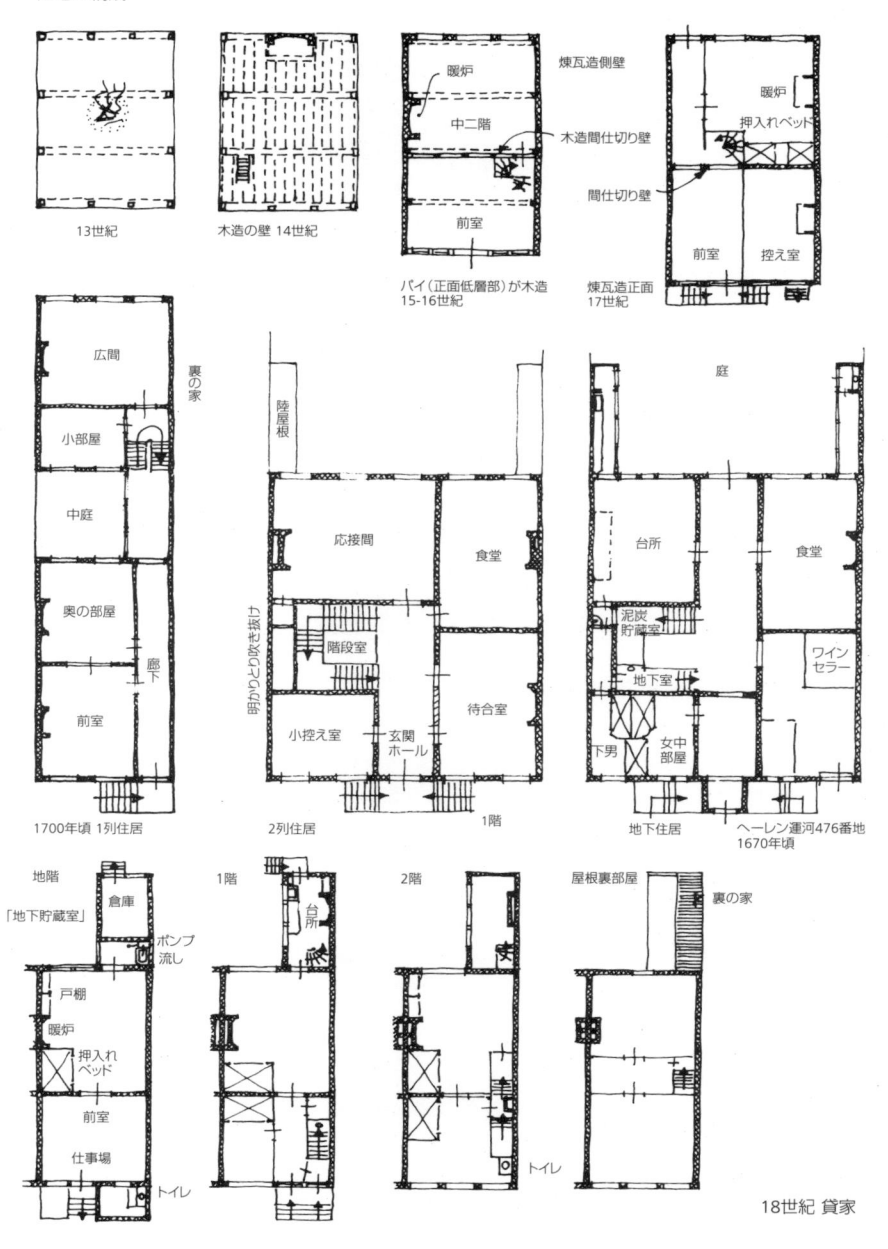

13世紀

木造の壁 14世紀

パイ(正面低層部)が木造
15-16世紀

煉瓦造側壁
暖炉
中二階
木造間仕切り壁
前室
間仕切り壁
煉瓦造正面
17世紀

暖炉
押入れベッド
前室
控え室

1700年頃 1列住居
裏の家
広間
小部屋
中庭
奥の部屋
廊下
前室

2列住居
陸屋根
明りとり吹き抜け
応接間
食堂
階段室
小控え室
玄関ホール
待合室
1階

地下住居
庭
台所
食堂
泥炭貯蔵室
地下室
ワインセラー
下男
女中部屋

ヘーレン運河476番地
1670年頃

地階
「地下貯蔵室」
倉庫
ポンプ流し
戸棚
暖炉
押入れベッド
前室
仕事場
トイレ

1階
台所

2階
トイレ

屋根裏部屋
裏の家

18世紀 貸家

83

暖炉と煙突
Stookplaatsen en schoorstenen

　最も古い暖炉は土間の裸火で、部屋の中央にあった。煙は渦巻いて立ちのぼり、屋根の開口部から出てゆく。このような煙の出る家がマルケン島では20世紀まで使用されたが、アムステルダムではすでに15世紀、火災の危険から煙と火の粉は煉瓦造の煙突を通って排出されなければならないと規定されていた。木を使ってはならなかった。しかし、時たま梁が煙道を突き通っていたりすると、激しい煙突火災の誘因となることもあった。煙突の中は数本の細い桟を取り付けることが許されており、そこに燻製にする肉を吊るした。

　暖炉は壁を背にして作られた。煙突のブーゼム（膨らんだ部分）は、まっすぐ屋根裏まで立ち上がり煙を捕えた。時には、この膨らみの周りにマントルピースが組み立てられた。裸火の場所は煉瓦を敷くか、または鋳鉄製の板で覆った。背後の壁は暖炉用の特殊な耐火煉瓦で保護され、これが後には飾りのついた鋳鉄製の板となった。夜間、火を焚くことは許されなかった。最後の炭は蓋のついた壺、もしくは暖炉の脇の煉瓦で覆われた穴へ運ばれた。

　昔の煙突はゆったりと作られていた。木と泥炭から出る多量の煙は気流で上へと運ばれ、火の粉は煙道へ出て行く前に消えていなければならなかった。煙突掃除は少年たち、もっぱらイタリア人の煙突掃除夫の息子たちによってなされた。彼らは上から下まで這い回り、真っ黒になって這い出てくるのである。これが、ズワルテ・ピート（黒人ピート、聖ニコラースの従者）とプレゼント包みが煙突から出てくるという話の起源である。

　煙突は古典主義様式の建物の屋根を完結させる重要な要素だった。屋根に出る煙突は暖炉の真上に来ないので、煙道は補助構造をもって屋根の中を斜めに引かれなければならなかった。大きな煙突の開口部には、できる限り雨や雪の浸入を防ぐために覆いが取り付けられたが、よくこれには高い「帽子」が備わり、また時には風見が付くこともあった。

　18世紀には、これまでとは異なり、もっと多量の煙を出す燃料を用いたため、暖炉は小さくなった。より強力な吸引力を必要としたため煙突の膨らみは低く据えられ、煙道の開口部が小さくなったのである。これはイギリス式暖炉と呼ばれ、大理石の座の上に立ち、内側に鋳鉄製の板が張ってある。19世紀には鋳鉄製のストーブが登場し、もはや裸火を燃やすことはなくなった。

　例えば、付近の高い建物が屋根の上に渦巻く風を引き起こしたりして、煙突の吸い込みが良くないということがままある。このような場合は木製の構築物が加えられたが、これが2つまたはそれ以上の開口部を持つこともある。その上、これが大抵

奇妙な形をしており、都市の景観を高めることにはならなかった。回転式の蓋をつけることもでき、これが絶えず風によって動いていることから、狂った煙突と呼ばれた。

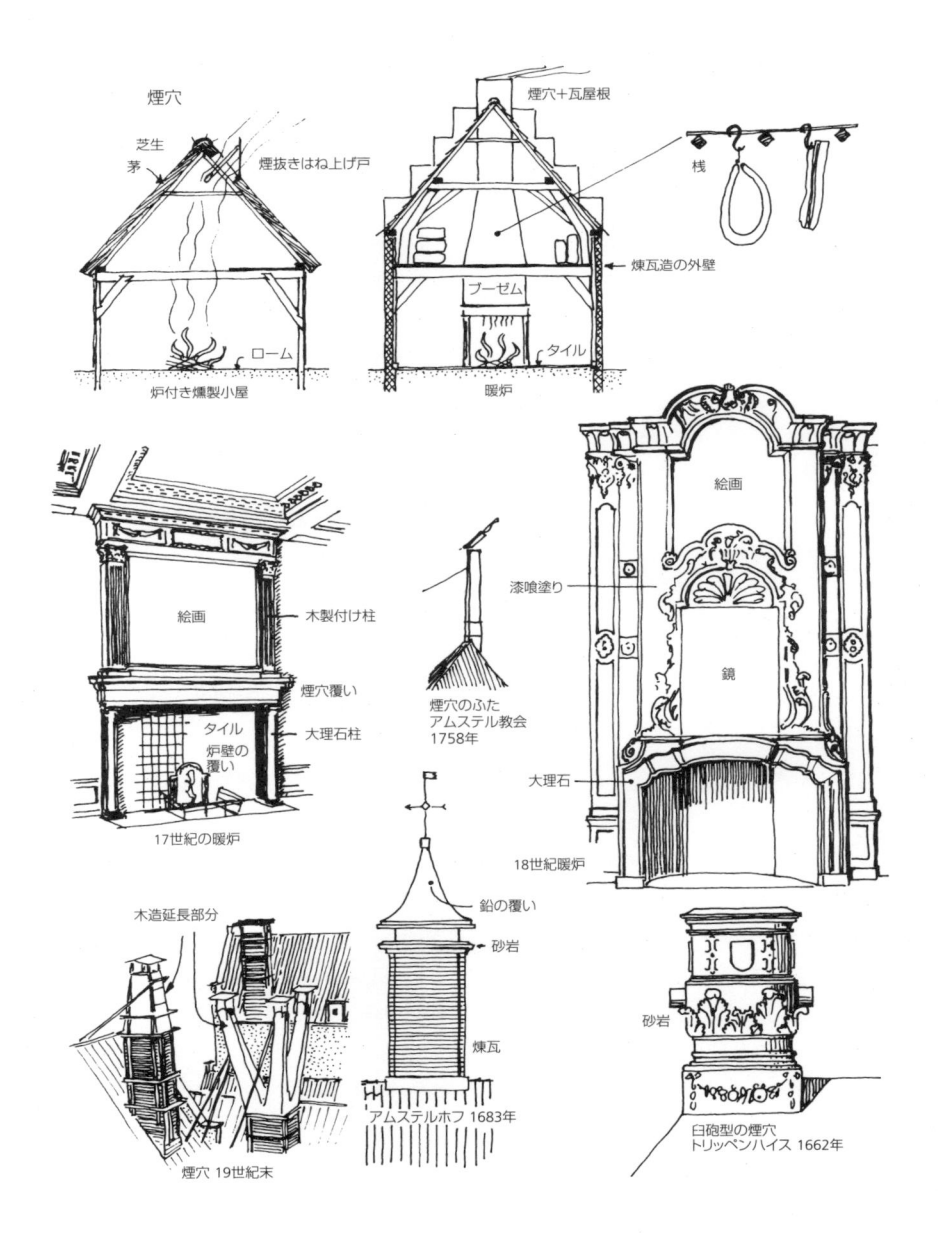

煙穴
芝生
茅
煙抜きはね上げ戸
ローム
炉付き燻製小屋

煙穴＋瓦屋根
煉瓦造の外壁
ブーゼム
タイル
暖炉

桟

絵画
木製付け柱
煙穴覆い
タイル炉壁の覆い
大理石柱
17世紀の暖炉

煙穴のふた
アムステル教会
1758年

絵画
漆喰塗り
鏡
大理石
18世紀暖炉

木造延長部分
煙穴 19世紀末

鉛の覆い
砂岩
煉瓦
アムステルホフ 1683年

砂岩
臼砲型の煙穴
トリッペンハイス 1662年

85

室内
Interieurs

17世紀半ばになって天井、壁、床、家具、それぞれの間を視覚的に関連づけることが考え出された。また18世紀には空間の統一が図られるようになった。見えていた建物の構造は、次第に建築の表面仕上げの裏に隠れていった。

本来の煉瓦壁は白い漆喰で塗られ、その上に壁掛け用の綴れ織りが掛けられることもあった。17、18世紀、重要な部屋には、着色した革片を縫合し様々な図柄が型押しされた金唐革が張られた。面積の大きな部分には、銀箔を張り、これにニスが塗られ金色になった。17世紀の室内装飾にとって暖炉は重要な要素となった。

1700年頃、画布に描かれた大きな絵が刳形のついた額縁に張られるようになり、当初は枠で仕切られていたものが、後にはドアの上や部屋の隅の連続する表現にもなった。

18世紀にはスタッコが重要な地位を占めた。当時、流行していた巻きひげと装飾は、真っ直ぐな壁の厳しさを取り去った。多くの金色の塗装が華やかさを強調した。ドアの上やマントルピースには彫刻、漆喰細工、鏡、色彩やグリザイユ（灰色の濃淡で描く技法）の表現が配された。

19世紀になると経費を節減するようになった。絵画は減ったが、壁の上張がダマスク織などの高価な材料で作られることもあった。壁紙は18世紀末に登場した。当初は木版で印刷されるか手描きだった。19世紀のうちに、工場で生産された壁紙がますます庶民の住宅でも用いられるようになったが、それ以前の壁は簡素な白塗りだった。

質素な住宅や大きな邸宅のさほど重要でない部分の仕切りは、大方単なる木製の間仕切壁で、大抵地味な色で塗られていた。

17世紀まで天井は梁と根太で構成され、しばしば彩色されていた。後に根太の下側に板を張ることもあったが、梁は見えるままになっていた。こういう天井には巻きひげや模造の彫刻がつき色が塗られたが、大抵は金色だった。根太が姿を消しても、梁の下の天井は塗られた。

17世紀末になると、装飾的な漆喰塗りの天井が現れた。中央には浮遊する図柄の幻想、天空、雲が描かれていた。地下室の床は一般的に煉瓦で、上の階は殆どの場合木造で、塗装されていることもあった。床の覆いとして塗装した帆布も用いられた。これは今日でもフルール・ゼイル（床用帆布）と呼ばれている。入り口や踊り場には木の床の上に貝殻層、その上に石のタイルまたはもっと大きな石板が敷かれた。時には木目模様の白大理石が、広げた本の二葉が並んでいるように対称に敷かれることもあった。これはア・リーブル・ウベール（仏語：本を広げてスラスラと読む様の意）と呼ばれた。

幅の狭い住宅の廊下には、部屋に入る戸が片側だけにしかない。時には、家のもう一方の側にも部屋があると思わせる偽扉を作ることもある。さらに扉が実際の幅より広く作られることもあった。18世紀、壁は漆喰細工と石膏彫刻で飾り立てられた。

当時、豊かに彫刻された手摺り、漆喰装飾、上方に明り取りの丸天井を持つ階段、これらが地位の高さの象徴となった。

彫像の立つ中庭は、視覚的に室内に引き寄せられている。

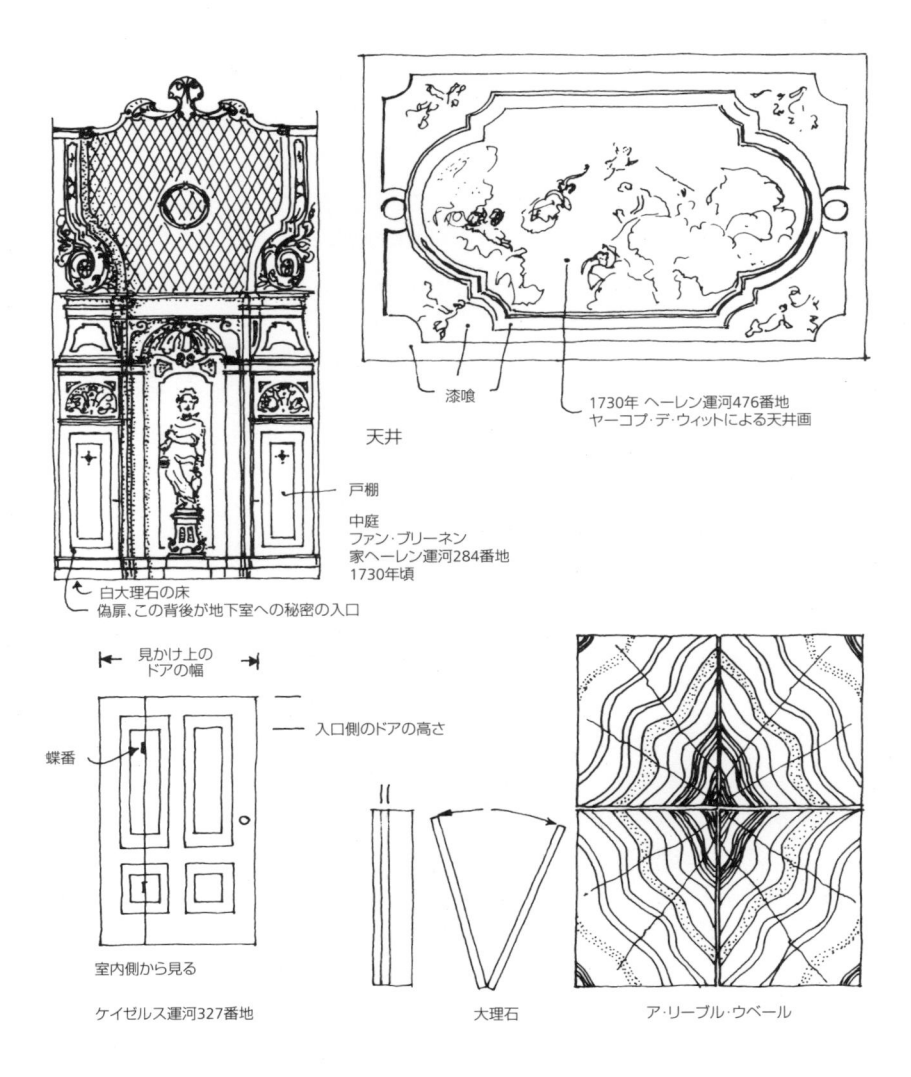

漆喰

1730年 ヘーレン運河476番地
ヤーコプ・デ・ウィットによる天井画

天井

戸棚

中庭
ファン・ブリーネン家 ヘーレン運河284番地
1730年頃

白大理石の床
偽扉、この背後が地下室への秘密の入口

見かけ上のドアの幅

入口側のドアの高さ

蝶番

室内側から見る

ケイゼルス運河327番地

大理石

ア・リーブル・ウベール

庭と東屋
Tuinen en tuinhuizen

密集したアムステルダムの中心部では、商人や名門の住宅の裏側にあたる運河沿いの地帯だけが、庭を作るための空間だった。17世紀の都市拡張の際には、新しい運河沿いの建設区画の幾つかに条例が公布され、これによって街区内の建物は制限を受けた。この条例は今日に至るまで効力があり、これらの地区は条例街区として知られている。

家の裏側に面した少し高い位置の広間からは、庭園の素晴らしい眺望が得られ、そこは当時の嗜好に合わせて、そして持ち主の経済力の範囲で造園された。大抵は美しく造営された幾何学式に属する観賞用の庭園で、真っ直ぐな生垣と散策の小道が花壇、彫像、池を取り囲んでいる。そして噴水、鳥舎、日時計が風景を完成させた。ルイ15世様式すなわちロココ様式では、庭園の装飾において噴水や空想的で薄暗い漆喰塗りの模造貝殻洞窟に用いる要素として貝殻が重宝された。時には家庭菜園や果樹のための空間があった。また洗濯物の漂白場もあった。19世紀には四角い区画が曲がりくねった庭園様式に取って代わられ、そこでは大きな古い木が人気の的だった。庭の奥にはたいてい遊技場があり、家族や客が夏の間、快適にくつろぐことができた。それは平屋建てで、しばしば陸屋根で夏用の台所が付いていた。こういった遊技場はしばしば記念碑的な性格を有しており、庭園の装飾と一体となっていた。しかし、もっと小規模で部分的に吹き放ちになっている東屋もあった。時には庭の奥に上階のついた建物が建ち、これはより恒久的な性質を有していた。その下の階は遊戯場と同様、大抵庭の見える部屋だった。上の階へは別の入り口があり、事務室、書斎、図書室として使用された。冬にはこれらの部屋を暖房することができた。

2本の運河に挟まれた街区ではそれぞれの庭と庭が接し、東屋が互いに背中合わせになっている。2本の運河の間に通りが走っている場所では、馬車置き場を建て、馬小屋とその家の馬車を置く場所を兼ね備えた。上の階は使用人の住居である。特に大きな馬車置き場の場合は、屋根裏部屋に荷物を保管することもできた。豊かに装飾された建物の背面は庭園の背景としての役を担っていた。遊技場もしばしば組み込まれていた。

運河沿いの地区には、全てを住居として使用している家屋が現在では殆どないので、かつてのやり方で整備され娯楽に用いられている庭園はほんのわずかしか見出せない。木々は幾世紀を経て巨木に成長し、大きな影を落としている。しかし素朴で豊かな東屋は今もなお建っている。そしてこの屋敷内の領域は、今日でも過密な都市の中で平穏なオアシスを形成している。

東屋と馬車置き場

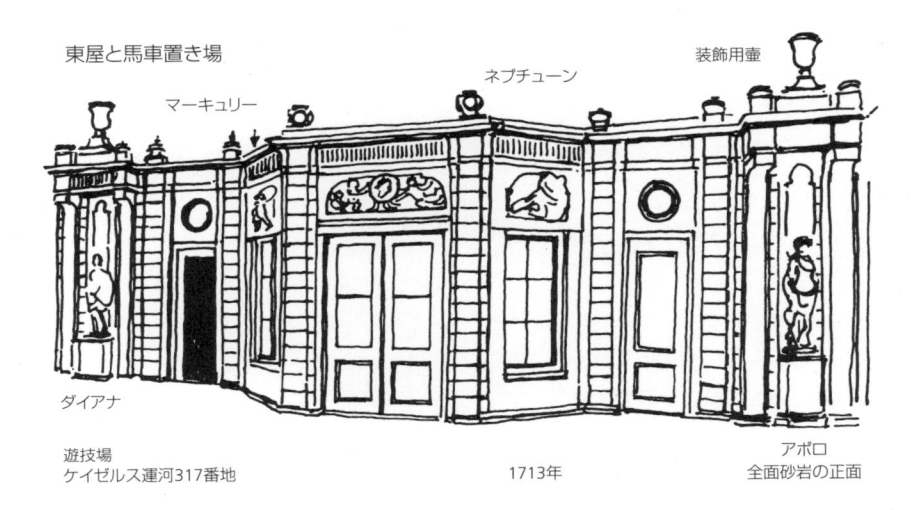

マーキュリー　ネプチューン　装飾用壺

ダイアナ

遊技場
ケイゼルス運河317番地

1713年

アポロ
全面砂岩の正面

平面図

戸棚　ガラス戸棚　小煙突
玄関　庭の見える部屋　アイロンかけの部屋
ポンプ
2人用の私室　雨水貯水槽

背面―正面
馬車置場
華美な正面

東屋

ケイゼルス運河521番地

1750年頃

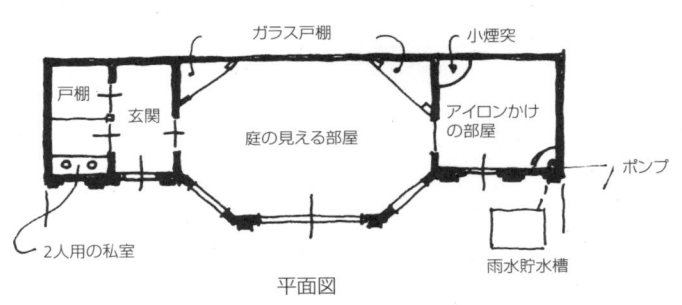

御者の住居と屋根裏倉庫
ケルク通り61番地

色彩と塗装
Kleuren en schilderen

　かつて建築材料は、色彩や構造の効果をも求める今日とは異なり、もっぱらその適性と価格を基準にして選ばれた。建築とは鋭い線に囲まれた色の面の遊びである。実際、煉瓦、木材、鉛は大抵塗装され、その色は往々にしてその材料自身の色とは全く異なっている。また塗料は建物を風化や腐食から保護している。

　建物の正面に均一な色合いを得るためには塗料が役に立つ。16、17世紀の塗料はレイデン煉瓦に合う赤が主だったが、18世紀には改良された煉瓦の焼き方が色の濃い煉瓦をもたらし、塗料は茶色となった。ベントハイム砂岩は多孔性で、変色して黒ずむ。本来の明るい黄土色を保ち、表面の防水性を得るために、この石は常に「ベントハイム」色に塗られた。時には木造部分も、石に見えるように塗装された。

　ドアや窓は一般にナラ材で作られていた。「この慎ましく多色の木材は、よく一色で塗られた」と1800年頃の画家が書いている。17世紀、窓枠は白い油性塗料、ドアとよろい戸は赤、緑、黄土色または茶色に塗られた。1700年以降、ドアはオリーブ色、よろい戸の鏡板は橙赤、白または青緑だった。その頃普及してきた上げ下げ窓も白に、そして1770年以降は緑色にも塗られた。窓枠は石の灰色を得た。1800年頃、ドアとよろい戸は光沢のある暗茶色だったが、2、3年のうちに再び流行遅れとなった。この頃に緑色が到来し、今日でも都市の風景を支配しているが、年月と共に微妙な色合いが現れた。本物の「フラフテ・フルーン（運河の緑色）」は1830年頃に有毒な鉄シアン化合物のベルリン・ブルー、黄土色および銅酸化物のブレーメン・グリーンを混ぜて創られた。言い伝えによると、ドアが緑色になったのはルイ・ナポレオン時代、ナラ材に税金が課せられたからだという。この風説の出所は茶色に塗られたドアが一時的に流行したことによるものと推察される。1811年から1896年の間には外部のドアの数によって税金が課せられた。

　木材がまるで大理石のように塗られることも多い。勿論これは本物の石より安上がりだった。木は大理石より手触りが暖かいので、触れるとその秘密が明らかになってしまう。木部を高級種の木材のように見せかけて塗ることも多かった。

　アムステルダムは季節ごとに、また天候によって、異なった色彩を装う。陽の降り注ぐ夏の日には、濃い緑色の木々が緑色のドアや窓、そして赤や紫色の煉瓦と競い合う。霧の立ち込める秋の朝、町は灰色のベールに包まれる。凍れる季節にはすべてのものがくっきりと描き出され、青灰色となる。しかしアムステルダムが最も美しいのは春で、芽を吹く木々が建物の壁に沿って緑色の霞をたなびかせ、運河沿いの邸宅の窓ガラスに青い空が映る。

用語集

*関連する見出し語を見よ

【アーキトラーフ】アーキトレーヴ
古典主義のエンタブレチュア(*ホーフトヘステル)の最下部。この形状はドアの枠などにも、しばしば単独で用いられる。

【アティク】
建物正面のコーニス(*クローンレイスト)より上の部分、しばしば屋根を隠す。

【インステーク】中二階
1階と2階の間の部屋、後には通りに面した前室(フォールハイス)の上全面に設けられた。*ハングカーメル

【ウイユ・ドゥ・ブフ】
楕円形の窓、通常は彫刻を施した枠を備える。(仏語、文字通り訳せば牛の目)

【ウィンダス】
水平の回転軸、これに引き上げロープが巻きつく。

【ウォルフスエイント】
屋根の端の一番上の部分を斜めに切り取ったもの。

【オーフェルクラーヒング】
梁より上に建造された壁の部分。

【オールハット】
橋の中央の細長い溝、船のマストが航行可能。2枚の板によって覆われている。

【カーレンデル】
杭が沈まないことを確認するために、杭を槌で連続して30回打つ。

【カルフ】無目
ドアと明り取り窓(*ボーフェンリヒト)の間の水平な横木。

【カンデラーベル】
背の高い燭台型の装飾品。

【キュール】条例
公共の行政による規約。

【キルケーペル】谷木
2つの屋根面が交差する内隅。

【キンデルバルク】根太
細い梁、梁(*ムールバルク)の上に列状に載る。(キンデル:子供)

【クラーフステーン】持ち送り
刳形または彫刻を施した石、この上に柱またはアーチの起点が載る。

【クラール】玉縁
断面が1/4円よりやや大きい刳形。

【クライスコゼイン】十字形窓枠
窓枠、十字形によって4つの部分に分割されている。

【クライスフェンステル】十字形窓
窓、木や石の十字形によって4つの部分に分割されている。

【クラウゥストック】渦巻模様
彫刻された部品、建物正面壁上部の両側に置かれる。(クラウゥ:鉤爪)

【クレゾール】
煉瓦の1/4分。

【クローンレイスト】コーニス
エンタブレチュア（*ホーフトヘステル）の最上部で前方に飛び出ている部分。

【ケスプ】
基礎杭の頭を連結する梁。

【コロサーレ・オルデ】大オーダー
オーダーに基づく柱、複数階を通じて連続する。

【コゼイン】窓枠
窓の木製の枠、この内側によろい戸、建具、ガラスが取り付けられる。

【コップ】小口
煉瓦の短い側面。

【コルベール】方杖
木構造における柱と梁の間の補強材、通常曲がっている。

【ザイル】円柱
断面が円形の柱で、通常は古典主義的な形態を持つ。

【ステイル】1.様式　2.柱
1）ある特定の時代の芸術的形態または建築方法。2）木構造で垂直に置かれた構成要素。

【ストック】スタッコ
漆喰塗りの材料、石膏はこれを形成する重要な成分。

【ストゥプ】
舗装され、時には柵で囲う家の前の細長い土地、通常表玄関への階段が付く。

【ストゥプパール】
硬質の石灰岩の杭、ストゥプの領域の境界を成す。

【ストゥプバンク】
ストゥプの踊り場にあるベンチ。

【ストレック】
1.*ハーネカム　2.煉瓦の長手

【スネイラーム】
入り口の明り取り窓の彫刻または鍛造された仕切り。

【スパール】
肋材（リブ）または丸棒、通常垂木（*スポール）として用いられる。この言葉はトウヒノキ（スパレボーム）とは関係がない。

【スパイスライス】
水門、低水位時に内側の余剰の水を外側へ流し出す。（スパイエン：流しだす）

【スハイフラーム】上げ下げ窓
窓枠の中で押し上げ可能な窓建具（スハイフェン：滑る）

【スハウ】暖炉・マントルピース
ストークプラーツ（暖炉・炉床）、上部に煙突を取り付ける。

【スハルニール】蝶番
2つの回転可能な部分で構成、これがぴった

りと合わさり、心棒によって結合されている。これによって窓枠、よろい戸、扉が可動になる。

【スパント】
柱、梁、斜めの支柱が1つの平面を構成し、これが建物の屋根を支える。

【スフットスライス】閘門
水門、ここを通過してある水位から他の水位へと船を運ぶことができる。

【スプレイトセル】
非常に細いナラ材、小梁(*キンデルバルク)の上に載る床板の裏打ちとして用いられる。

【スペックラーフ】
煉瓦積みに変化をつける、帯状の自然石。(スペック:脂身)

【スポール】垂木
かなり細くて長い木材。屋根の足元から棟まで伸び、瓦桟や野地板を支える。

【スホールステーン】煙突
暖炉の上部、煉瓦積みの排煙部。

【スホールステーンヘック】
煙突の上の風で回る蓋。

【スホールステーンマンテル】マントルピース
煙突の*ブーゼム周辺の板囲い。

【スライス】水門
堤防の一部を構成する装置、2つの水を隔てたり、結合させたりすることができる。

【スライスコルク】閘室
閘門式運河で閘門扉の間の部分。

【スレウテルストゥク】
梁の端部を支える細長い平らな木。

【セクレート】
水洗でない簡易なトイレ。

【ゾルデリング】
根太の上の床の裏側、下の空間から見える。

【ゾルデル】
かつては屋根の下、床組上の木造の床。後には屋根の下、床組の上の空間。*フリーリング

【ダイム】
1.長さの単位で約2.5cm。2.蝶番(*ヘヘング)の回転軸。

【ティンパーン】ティンパヌム
ペディメント(*フロントン)の深まった部分。

【トゥウェーリヒト】2つの区画に分けられた窓
*リヒト(トゥウェー:2)

【ドゥリークレゾール】3/4煉瓦
3/4の大きさの煉瓦(ドゥリー:3)。

【トップピーラステル】
階段破風の一番高いところに付けられた小円柱。

【トンヘウェルフ】半円筒ヴォールト天井
アーチ形の木造天井。(トン:樽)

【ネウト】持ち送り
木か石の台、窓枠あるいは壁付柱が載る。

【ノック】棟
2つの屋根面が上方で交わる線。

【ノックフォルスト】棟瓦
屋根瓦、棟の上に載る。

【ハーネカム】フラット・アーチ
窓の開口部に架けた、幅広の楔形をした煉瓦積み。ストレックに同じ（形がハーネカム：鶏冠に似る）。

【ハーメイ】
2本の柱の上が梁で連結されたもの、この上に跳ね橋の天秤が載る。

【パイ】
建物正面の一番下の部分。

【パイバルク】
パイの上に載る梁、壁の煉瓦積みの部分を支える。

【ハル】
水門の前や後ろの直立した柱。

【バルク】梁、桁
荷重を支える水平の構造材、以前は矩形の断面を持つ木材が普通であった。

【バルクラーフ】床組
床を支えるための梁の列。

【バルーステル】手摺子
胸壁、手摺り、柵の小柱、この形は壺から派生した。

【バルーストラーデ】手摺り
バルコニー、階段、橋などの欄干。

【ハルフザイル】半柱
建物の壁面に付く断面が半円の柱。

【ハルプストゥック】
上部が曲線の石板、ストゥプの階段の踏み板を隠して見えなくする。

【ハングカーメル】吊り部屋
床組と壁から吊り下げる木造の部屋。通常、街路に面した部屋（フォールハイス）の上に取り付ける。＊インステーク

【ハントスパーク】
軸に取り付けられる棒、これを持って回転させることができる。

【ピナーケル】小尖塔
小塔の形をしたほっそりとしたゴシック様式の要素。

【ピーラステル】付け柱
リボンのような形状で飛び出ている壁付きの柱、古典主義のオーダーに従った柱頭と柱基を備える。

【フークケーベル】隅棟
2つの屋根面の稜線、互いに出隅で出会う。

【ブーゼム】
吸気口で煙突や暖炉の突き出ている部分、しばしばマントルピース（＊スホールステーンマンテル）で覆われている。

【フート】
長さの単位。アムステルダム・フートは28.3cm。

【フェストゥーン】 花綱飾り
葉、花、果実などが彫られた石の花綱。

【フェルディーピング】
元来は屋根裏の深くした部分、後に建物の1階より上にある階。*ゾルデル

【フェンステル】 窓
壁の開口部、ここから光が室内に入る。

【フォルート】 ヴォリュート、渦巻装飾
優美な渦巻き形、本来はイオニア式の柱頭の一部分。

【プラーファイス】
焼成床タイル

【フリース】 フリーズ
エンタブレチュア(*ホーフトヘステル)のコーニス(*クローンレイスト)とアーキトレーヴ(*アーキトラーフ)の間の水平帯。

【フリーリング】
以前は屋根の桁を指し、この上に垂木が載る。後にフリーリングの上の床板、すなわち屋根裏の床を指す。またその上の空間も指す。*ゾルデル

【ブリント】 よろい戸
回転または横滑りする木製の部品で、窓の開口部を閉じるためのもの。折りたたみ式よろい戸、スライド式よろい戸。

【プルス】
下側に蓋のついた鉄管、引き上げる際にこれを閉じる。基礎修復の際に杭を作るときに使用する。

【フルフト】
壁面が前傾して建つこと。

【フロントン】 ペディメント
三角形または曲線の部分、古典主義様式の建物正面、窓、入り口などの頂部。

【フンデリング】 基礎
地中にある建造物の支え。

【ヘイスバルク】 引き上げ用梁
建物正面の最上部に突出ている梁、荷物を引き上げることができる。(ヘイセン:引き上げる、巻き上げる)

【ヘイスライク】 引き上げ用扉
建物正面上部のよろい戸、そこから荷物を中へ入れる。

【ヘイスラド】 引き上げ用車輪
木製の引き上げ機に固定される輪、そこに引き上げロープを巻きつける。

【ヘイパール】 杭
長い木製の杭、今日ではコンクリート製のものもある。軟弱な地盤の中で、建物の荷重が耐力のある地層に確実に伝わるようにする。

【ベール】 塞
防御の堀に沿った壁で通常、海水と淡水を分離する。上端が尖っていて煉瓦によって被われている。

【ヘーレン】
建物の軸に直角でない。

【ベットステーデ】
造り付けの寝場所、部屋から仕切られている。

【ヘビント】
柱（*ステイル）、梁（*バルク）、方杖（*コルベール）で構成され、堅固な一体を成し、梁構造や屋根構造を支える。

【ヘーフェルステーン】
1.壁にはめる石版で絵や文字を刻む。2.壁の煉瓦積みに適する硬く歪みのない煉瓦。(ヘーフェル：壁、ステーン：石、煉瓦)

【ヘヘング】蝶番
鍛造した細長い薄板、ドアやよろい戸に固定され*ダイムや*スハルニール（蝶番）の上で回転する。

【ボーフェンリヒト】明り取り窓。(ボーフェン：上方の)*リヒト

【ホーフトヘステル】エンタブレチュア
古典主義の円柱の上の水平材、下からアーキトレーヴ（*アーキトラーフ）、フリーズ（*フリース）、*コーニス（*クローンレイスト）によって構成される。

【ポットハイス】
地下の増築部分、ストゥプの一部分を占める。

【ボルウェルク】稜堡
要塞の突き出た防衛施設。

【ボルコゼイン】
明り取りの開口部とよろい戸が横に並んでいる窓枠。

【ボルストウェリング】胸壁、パラペット
床より立ち上がった壁の部分。特に屋根の脚部。

【ホルディング】母屋桁
屋根面の下にある水平の桁で、この上に屋根が斜めに載る。

【ボルデス】踊り場
階段の一番の上や途中の壇。

【マスト】
杭

【ムールバルク】梁
主要な梁、根太（*キンデルバルク）を支える。(ムール：母親)

【メザニーノ】中間階
完全でない階、屋根のすぐ下、もしくは*アティクの中か下に小さな窓を備える。

【モニク】
煉瓦造の塞（*ベール）の上の円柱。(形がモニク：修道士に似る)

【ラーム】窓建具（サッシュ）
窓（*フェンステル）や窓枠（*コゼイン）の中の木製の枠、この中にガラスがしっかりと固定され、水平または垂直に回転したり横滑りすることができる。

【ライク】よろい戸
回転する木製の仕切り、窓の全体あるいは一部を閉じることができる。

【ラムブリス】腰板
壁の覆い、壁の最も下方、床より上の部分を覆う。

【リザリート】
建築本体から突き出ている部分、通常は中央または隅部の出っ張り。

【リヒト】窓の一区画
窓や窓枠の一部分で、ここより光が入る。
＊ボーフェンリヒト ＊トゥウェーリヒト

【リブ】肋材
細い木の角材。

【レーヘル】
2本の木造柱の間に架かる水平梁。

【ローステルウェルク】
基礎の梁を互いに十字形に結合した枠、その間に杭が打ち込まれる。（ローステル：格子）

【ロラーフ】征立て
煉瓦の側面を上にして積む列。

【ワーテルレイスト】
水平の刳形、正面外壁面の水が滴り落ちる。

通りと運河の名称

*関連する通り名を見よ

【アウデ・スハンス】Oude Schans
市壁の外にラスターへがあり、その東側は土の堡塁（スハンス）によって防御されていた。（アウデ：旧）

【アウデ・トゥルフマルクト】Oude Turfmarkt
*ローキンのこの辺りは、1600年頃には泥炭（トゥルフ）の市場だった。1947年再びこの波止場に昔ながらの名称が与えられたが、番地はローキンのものが残された。

【アウデ・ワール】Oude Waal
エイ湾の入り江に沿った埠頭がアウデ（ゼイツ）・ワール（旧い側のワール川）。曲折している部分がクロメ（湾曲した）・ワールと呼ばれる。

【アウデゼイツ・アハテルブルフワル】
Oudezijds Achterburgwal
旧い側（アウデゼイツ）の二番目の市壁（ブルフワル）。（アハテル：後の）

【アウデゼイツ・フォールブルフワル】
Oudezijds Voorburgwal
旧い側の最初の市壁。（フォール：前の）

【アウデゼイツコルク】Oudezijdskolk
アウデゼイツ・ブルフワルの水をエイ湾に排水する水門の閘室（コルク）。

【アウデブルッフステーフ】Oudebrugsteeg
かつて*ダムラックに架かっていた最初の橋（ブルッフ）から、*ワルムースストラートに向かう。

【ウェーテリングスハンス】Weteringschans
ブーレンウェーテリング付近の市壁の一部。水路（ウェーテリング）は現在でもホベマカーデとライスダールカーデの間に水をたたえている。

【エヘルストラート】Eggerstraat
ダム広場から新教会の背後を通って*フラーフェンストラートへ続く。14世紀末にウィレム・エヘルトが教会建設の用地を与えた。

【オーフェルトーム】Overtoom
本来はオーフェルトームセ・ファールト(水路)で、アムステルダム市内の水とレインラントが管理する水位とを分岐するダムがある点へ至る。ここを、小さな船は手綱（オーフェルトーム）の助けを借りて曳航された。

【ウェイデ・カーペルステーフ、エンゲ・カーペルステーフ】Kapelsteeg, Wijde-Enge
*カルフェルストラートと*ローキンの間の2本の路地（ウェイト：広い、エング：狭い）の間にヘイルヘ・ステーデ（聖なる場所）があり、1345年に聖なる奇蹟が起こった家のあった場所に礼拝堂（カーペル）が建立された。この礼拝堂は1912年に取り壊され、その柱が1988年ローキンに建てられた。

【カルフェルストラート】Kalverstraat
かつてのアムステルデイクのダム広場とスパイの間で子牛（カルフ）の市が開かれた。

【クロフェニールスブルフワル】
Kloveniersburgwal
「沈黙のユトレヒト」塔付近、運河がニウェ・ドゥーレンストラートに移る場所で、火縄銃

の射手が打つ（クローフェン）練習をした。

【クロムボームスロート】 Kromboomsloot
ラスターヘ内の湾曲（クロム）している溝、挽かれる前の造船用の木材（ボーム）が水に横たわっている。

【ザントフーク】 Zandhoek
1634年の条例により、砂（ザント）運搬船は*レアーレンエイラントのエイ湾側の、この波止場でのみ荷を降ろすことが許された。（フーク：角、隅）

【シンゲル】 Singe
15世紀に巡らした市壁の西側に面する運河。

【シンゲルフラフト】 Singelgracht
17世紀の市壁を囲む一番外側の運河。今日ではこれに沿ってナッサウカーデ、スタットハウデルスカーデ、マウリッツカーデが伸びている。

【シント・アントニスブレーストラート】
Sint-Anthoniesbreestraat
市壁の外側、旧い海側の堤防に向いて、かつてハンセン病患者を看護した聖アントニス病院またはレプローゼン（ハンセン病患者）ハイスが建っていた。

【シント・オロフスポールト、シント・オロフスステーフ】
Sint-Olofspoort, Sint-Olofssteeg
エイ湾に面する最初の市門は、近くにあったノルウェーの船乗りの守護聖人に捧げられた聖オロフス礼拝堂からその名前を取った。この礼拝堂は隣のヘイルフ・フラーフ礼拝堂と共に発展し、アウデゼイツ礼拝堂を形成した。

【スタールストラート】 Staalstraat
*フルーンブルフワルの近くのサーイ（綾織の服地、サージ）館で布地の見本（スタール）が展示され、販売された。

【スパイ】 Spui
ここにスパイ水門があった。ブーレンウェーテリングを通過してきた余剰の水が、この水門を通ってアムステル川に排出された。

【スパイストラート】 Spuistraat
かつての*ニウェゼイツ・アハテルブルフワル。

【ゼーデイク】 Zeedijk
ザイデル海側のエイ湾に沿った堤防。（ゼー：海）

【ダムラック】 Damrak
アムステル川のダム広場より外側の直線部分、ラック。

【ランゲ・ニーゼル、コルテ・ニーゼル】
Niezel, Lange en Korte
リースデルの転訛。リス（アヤメ）が育つ水溜り。（ランゲ：長い、コルテ：短い）

【ニウェゼイツ・フォールブルフワル】
Nieuwezijds Voorburgwal
新しい側（ニウェ・ゼイツ）のブーレンウェーテリングに沿った最初の市壁。その外側に第二の市壁が建設された後にフォールブルフワル（前の市壁）と呼ばれた。

【ニウェゼイツコルク】Nieuwezijdskolk
元来はニウェゼイツ・ブルフワルの水をダムラックへ排水するための水門の閘室（コルク）。

【ニウェブルッフステーフ】Nieuwebrugsteeg
4世紀、*ダムラックのエイ湾近くに架けられた新しい橋（ニウェ・ブルッフ）に続く部分。

【ネス】Nes
堤防の外の小さな土地で、ここはアムステルデイクと川の間。

【ハールレンメル・ハウトタイネン】
Haarlemmer Houttuinen
ハールレンメルデイクの外側で、木材貯蔵所（ハウトタイネン）のあった場所。

【バイテンカント】Buitenkant
現在の海運ビルと*メルクマルクト（ミルク市場）の間、ワールスエイラントのエイ湾側。現在は*プリンス・ヘンドリックカーデの一部。（バイテン・カント：外側）*ビネンカント、*アウデ・ワール

【ハストハイスモーレンステーフ】
Gasthuismolensteeg
シンゲルとヘーレンフラフトの間、パライスストラート付近。シンゲル沿いの市壁の上にハストハイス（病院）風車が建っていた。

【ビールカーデ】Bierade
*アウデゼイツ・フォールブルフワルの旧教会の南側の部分で、外国からのビールが着荷した場所。ビール運搬人は頑強な男で、彼らと争えばひどい目に遭う。そこで「ビール波止場（カーデ）に立ち向かう」という表現は「骨折り損」の意味なのである。

【ビッケルスエイラント】Bickerseiland
エイ湾内の埋め立てた島、ここに有力者の家系の後裔ヤン・ビッケルの造船所があった。

【ビネンカント】Binnenkant
1646年に埋め立てられたワールスエイラントの内側（ビネン・カント）。*アウデ・ワール *バイテンカント

【ブラウ・エルフ、ブラウ・ストラーチェ】
Blaeu-erf, Blaeu-straatje
新教会の背後、*フラーフェンストラート付近の路地。有名な地図印刷工ブラーウの息子がここに印刷所を持っていた。

【フラーフェンストラート】Gravenstraat
新教会の背後、14世紀にホラント伯爵（フラーフ）の住まいの庭園があった区域を通っている。

【ブラウウェルスフラフト】Brouwersgracht
ここに何軒かのビール醸造所があった。（ブラウウェル：ビール醸造人）

【プリンス・ヘンドリックカーデ】
Prins Hendrikkade
エイ湾に沿った埠頭は、かつて様々な名前を持っていた。東から西へ、バイテンカント、カムペルホーフト、アウデ・テールタイネン、テッセルセカーイそしてハーリングパッケレイ。1880年頃ウィレム2世の一番下の息子（プリンス・ヘンドリック）の名にちなんで全体の名称が付けられた。彼の胸像が中

央駅向かいの公園に立っている。

【フルーンブルフワル】Groenburgwal
この運河沿いに主に毛織物の織工が住み、緑色の布を製造していた。＊ラームフラフト

【ヘイルヘウェッヒ】Heiligeweg
スローテン村の巡礼者が＊オーフェルトームセ・ファールト沿いにヘイルヘ・ステーデ（聖なる場所）へ向かう路で唯一残っている部分。

【ベヘインホフ】Begijnhof
ベギン会の修道女で、修道院に入ることを望まない敬けんな女性たちが1346年以来ここに共同で住んでいる。

【ヘルデルセカーデ】Geldersekade
ヘルデルラントによる深刻な脅威にさらされた後、ここに市壁が建設された。

【ムントプレイン】Muntplein
1619年から新しくなったレフリールス門に、1672年の一年間、貨幣鋳造所（ムント）が置かれた。1900年頃、この広場はウィレム3世の最初の妻の名をとってソフィアプレインと名付けられたが、民衆の慣習的な表現の方が強かった。

【メルクマルクト】Melkmarkt
町で飲まれる牛乳（メルク）をワーテルラントの人々が運んでくる。

【モルステーフ】Molsteeg
＊ニウェゼイツ・フォールブルフワルのこの路地付近は、運河の深さを保つ浚渫機「モル（モグラ）」の保管場所であった。

【ラームフラフト】Raamgracht
市壁の外の区域で、染めた布を木の枠（ラーム）の上で干した。

【ルスラント】Rusland
湿地帯でイグサ科のひょろ長い植物、ルスが育つ。

【レアーレンエイラント】Realeneiland
1615年にエイ湾を埋め立ててつくられた島で、治安官ヤーコプ・レアールの所有物であった。

【レヒトボームスロート】Rechtboomsloot
＊クロムボームスロート。（レヒト：真直ぐな）。

【レフリールスブレーストラート、レフリールスフラフト】Reguliersbreestraat, Reguliersgracht
市壁の外側、現在のレンブラント広場の付近で、レフリールス修道院があった。

【ローキン】Rokin
アムステル川のダム広場より内側の直線部分、ラックが、ラック・インと呼ばれ、現在はローキン。

【ワルムーススラート】Warmoesstraat
アムステルデイクに沿って菜園、ワルムースがあった。

「通り」や「運河」などを表すオランダ語は下記の通り。

ストラート(通り、街路)
ストラーチェ(小道、路地)
フラフト(運河)
マルクト(市場)
カーデ(埠頭、波止場)
ステーフ(小道、狭い道、路地)
スロート(溝、堀)
デイク(堤防)
ブルフワル(防御の塁壁、市壁)
エイラント(島)
ウェへ(道、街道)
ホフ(中庭)
プレイン(広場)
ファールト(船が航行する水路)

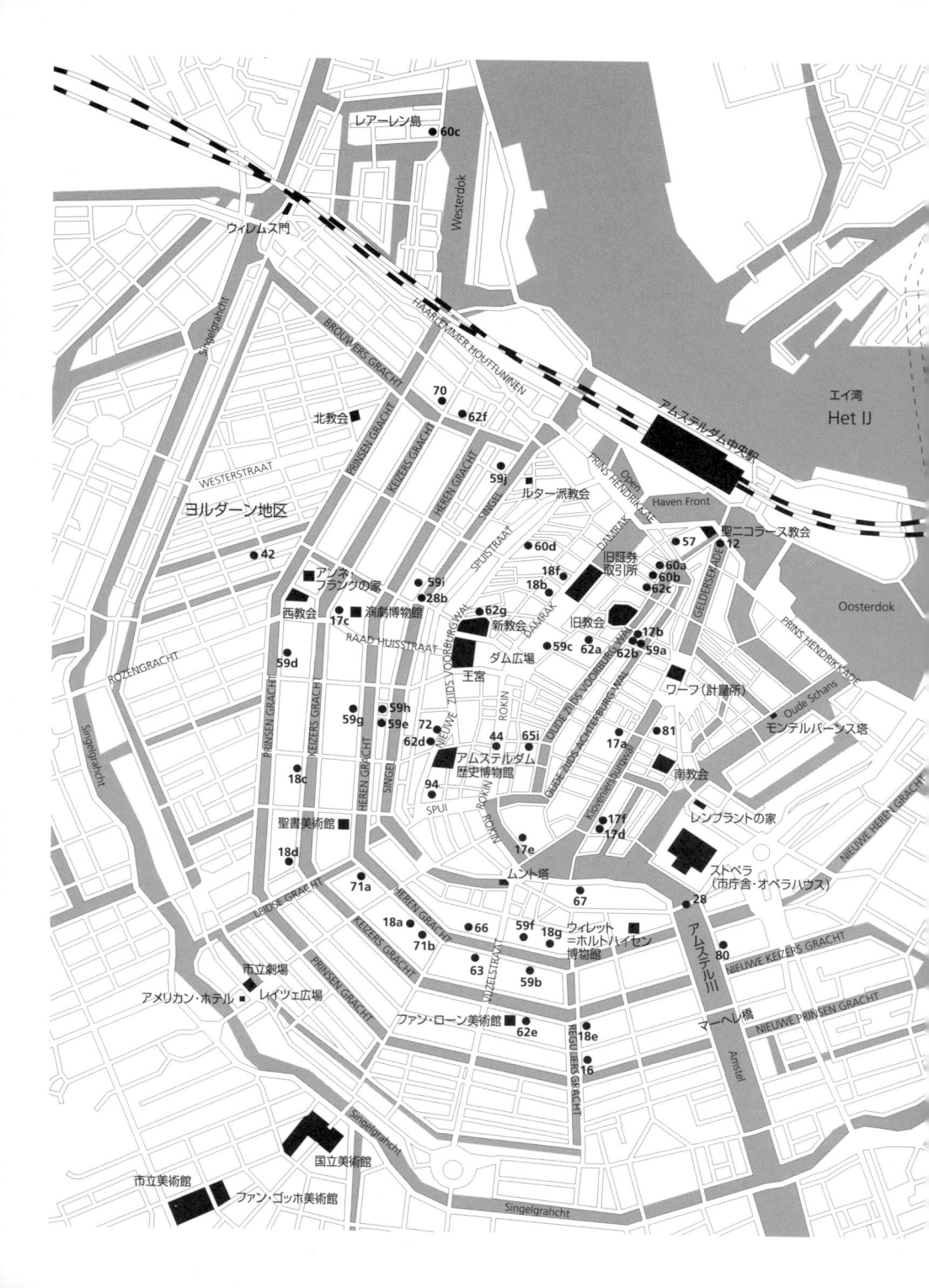

レアーレン島 ●60c

Westerdok

ウィレムス門

エイ湾
Het IJ

Haven Front

アムステルダム中央駅

●70

●62f

北教会 ■

Singelgracht

BROUWERS GRACHT

HAARLEMMER HOUTTUINEN

PRINS HENDRIKKADE

聖ニコラース教会

WESTERSTRAAT

PRINSEN GRACHT

KEIZERS GRACHT

HEREN GRACHT

SINGEL

●59j

ルター派教会

●57 ●12

ヨルダーン地区

●42

アンネ・フランクの家

●59i ●28b

SPUISTRAAT

●60d ●18f ●18b

旧証券取引所

●60a ●60b ●62c

Oosterdok

PRINS HENDRIKKADE

西教会 ■ ●17c 演劇博物館

●62g 新教会

DAMRAK

旧教会 ●17b

ROZENGRACHT

RAAD HUISSTRAAT

ダム広場

●59c ●62a ●62b ●59a

●59d

王宮

ROKIN

ワーフ(計量所)

NIEUWE ZIJDS VOORBURGWAL

OUDE ZIJDS VOORBURGWAL

Oude Schans

PRINSEN GRACHT

KEIZERS GRACHT

HEREN GRACHT

SINGEL

●59g ●59h

●72

●44

●65i

●17a ●81

モンテルバーンス塔

●62d ●59e

アムステルダム歴史博物館

ROKIN

南教会

●18c ●94

SPUI

Kloverniersburgwal

レンブラントの家

聖書美術館 ■

●17e ●17d

●171

●18d

ムント塔

ストペラ
(市庁舎・オペラハウス)

●71a

●67

●28

LEIDSE GRACHT

●18a ●66

●59f ●18g

ウィレット=ホルトハイセン博物館

アムステル川

市立劇場 ■

●71b

●63 ●59b

●80

アメリカン・ホテル ■

PRINSEN GRACHT

KEIZERS GRACHT

HEREN GRACHT

VIJZELSTRAAT

NIEUWE KEIZERS GRACHT

レイツェ広場

ファン・ローン美術館 ■ ●62e

●18e

NIEUWE HEREN GRACHT

●16

マーヘレ橋

REGULIERS GRACHT

NIEUWE PRINSEN GRACHT

Singelgracht

Amstel

国立美術館

市立美術館 ■ ファン・ゴッホ美術館

Singelgracht

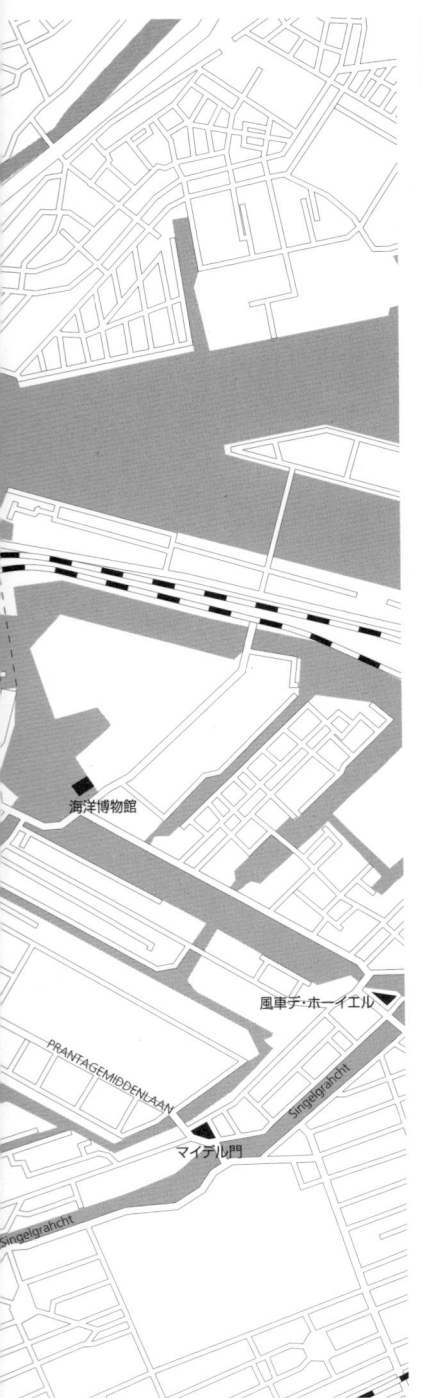

掲載建物等案内図

数字は本書掲載ページを表す

12	［涙の塔］	Prins Hendrikkade 94-95
16	木造教会［アムテル教会］	Amstelveld 10
17a	［旧東インド会社本館］	Oude Hoogstraat 24
17b	ルネサンス様式	Oudezijds Voorburgwal 57
17c	古典主義様式［コイマンスハイス］	Keizersgracht 177
17d	古典主義様式［サージ織物会館］	Staalstraat 7 ab
17e	古典主義様式、首型破風	Oude Turfmarkt 145
17f	古典主義様式	Kloveniersburgwal 95
18a	古典主義様式（後に改装された）	Herengracht 448
18b	ルイ16世様式	Damrak 83
18c	ルイ16世様式［フェリックス・メリティス］	Keizersgracht 324
18d	折衷主義様式	Keizersgracht 452
18e	ネオ・ゴシック様式	Reguliersgracht 57
18f	ネオ・ルネサンス様式	Damrak 62
18g	ベルラーヘ様式	Herengracht 545-549
28a	［ブラウ橋］	Amstel、Amstelstraat と Waterlooplein の間
28b	［トーレン・スライス（橋）］	Singel、Torensteeg と Oude Leliestraat の間
42	石の銘板	Egelantiersgracht 15
44	［奇跡の柱］	Rokin と Duifjessteeg の角
57	木造の正面	Zeedijk 1
59a	吸口型破風	Oudezijds Achterburgwal 52
59b	首型破風	Herengracht 510
59c	釣鐘型破風	Warmoesstraat 85
59d	釣鐘型破風	Prinsengracht 305
59e	釣鐘型からコーニスへ	Singel 318
59f	幅広コーニス付正面	Herengracht 539
59g	摂政様式コーニス	Herengracht 250
59h	ロココ様式	Singel 288
59i	ルイ16世様式コーニス	Singel 176
59j	木造コーニス	Singel 42
60a	パイ／ポットハイス	Oudezijds Voorburgwal 14
60b	パイの梁	Oudezijds Voorburgwal 22
60c	パイの梁／柱	Zandhoek 2-7
60d	ルイ16世様式のパイ	Nieuwezijds Voorburgwal 49
62a	2層2列窓の正面	St.Annenstraat 12
62b	3層3列窓の正面	Oudezijds Voorburgwal 67
62c	4層4列窓の正面［アムステルクリンク博物館］ Oudezijds Voorburgwal 40	
62d	角の家	Nieuwezijds Voorburgwal と Rosmarijnsteeg の角
62e	5列窓の正面	Keizersgracht 674
62f	破風の簡略化	Brouwersgracht と Herenmarkt の角
62g	破風の簡略化	Gravenstraat と Blaeuerf の角
63	正面の改装	Herengracht 476
65	十字形窓	Oudezijds Voorburgwal と Nes の間
66	［シックス邸］	Herengracht 495
67	フランス窓［フランス劇場］	Amstel 56
70	パイ／ストゥプ／ポットハイス	BrouwersgrachtとBinnen Brouwersstraat の角
71a	ストゥプ・ハープ形装飾	Herengracht 402
71b	ストゥプ鉄飾り	Herengracht 452
72	欄間飾り	Nieuwezijds Voorburgwal 284
80	［アムステルホフ］	Amstel 15
81	［トリップ兄弟の家］	Kloveniersburgwal 29
102	［ベヘインホフ］	Spui

略歴

著者
ヘルマン・ヤンセ
Herman Janse

1926年　アムステルダム生まれ
1948年〜58年　建築技師となりアムステルダムの古教会の修復に計画者および総括者として従事する。また歴史的建築物、とりわけ中世期の屋根と職人技術の手法の調査を開始する。
1958年〜91年　オランダ国立文化財保護機関に建築家、建築史家として勤務。この間、在来工法と建築材料の関係を調査するため、西ヨーロッパを訪れる。また大学、専門学校で教鞭をとる。
1989年　オランダにて歴史的な屋根構法をテーマとした論文で博士号を取得。その後、歴史的建築物、教会、塔、木造住宅、中世期の城門、工具の歴史、窓、ステンドグラス、石材と石工などについて多くの論文・著作を発表する。

訳者
堀川幹夫
ほりかわ みきお

1953年　岡山県生まれ
1981年〜84年　ユトレヒト大学へオランダ政府給費留学
1986年　明治大学大学院建築学専攻博士後期課程満期退学
1986年　東京工科専門学校建築科専任講師
1992年　桜美林短期大学生活文化学科専任講師
2001年〜　桜美林大学文学部助教授

『新しい住宅を求めて』（共著、KBI出版）
『オランダ・ベルギー』（共著、新潮社）

あとがき

　訳者が初めて原著を目にしたのは1997年の春、アムステルダムの建築専門の書店であった。手にした時とても新鮮な印象を覚えた。原題「杭の上に建てられたアムステルダム」もさることながら、伝統的な建築と都市に関する内容がコンパクトな装丁に収まっていたからである。
　近年、オランダで出版される建築史書は近代建築に関するものが多かったように思う。H.P.ベルラーへ、デ・ステイル、アムステルダム派、J.ダイケルらはオランダ建築界の誇りである。その再評価が進むにつれ、それに関する研究書や展示会も増えてきた。またオランダ国外での研究も盛んである。それどころか思い切って大きなテーマを掲げる書物は国外の研究者による場合が少なくない。自国のことは却って著しにくく、国外の慧眼を通した方が見え易いこともあるのかもしれない。
　一方、伝統的建造物を扱う書物のテーマは建築家、都市、住宅、工法など多種多彩である。J.ファン・カンペンやPh.フィングボーンズといった黄金の世紀の巨匠を扱ったものや、発掘や解体修理などの地道な調査によりアムステルダムの都市住宅を洗いざらい調べ上げた資料的価値の高いものなど、専門的な大著は枚挙にいとまがない。しかし、もっと手軽にオランダの歴史的な建築を理解するのに適した本は見当たらなかった。この本のように扱いやすいサイズで、都市形成から建築の様式・工法・インテリアに至るまでを包含するものは無かったと言える。建築史で扱う建物の大半が都市に建っており、都市と建築の歴史は不可分といえる。その意味でもアムステルダムの形成とその建築を同時に視野に入れた本書の構成は魅力的である。
　こうしたことから、アムステルダムの都市住宅の図を表紙にしたこの本が訳者の目を惹いたのである。すぐに翻訳を思い立ったわけではないが、ゼミのテキストにと買い求めた。一般向けの本ではあるが、読み進むにつれて本書の魅力にとりつかれ、教えられることの多さを実感した。建築の姿を決定してゆくのは、その時代に優勢な様式だけではな

い。都市の盛衰、土木建築技術の発達、民衆の生活様式や嗜好の変化、それらすべてが絡み合って形を成す。本書の解りやすい解説と豊富な図版は、創成期のアムステルダムの姿や、外から見えない構造をも含めた建築の有様を生き生きと伝えてくれる。

　翻訳にあたりアムステルダムを再訪した際、ヤンセ先生ならびに出版社デ・ブリンクの皆さんに大変お世話になった。記して感謝申し上げたい。

　本書訳出の機会を与えてくださった鹿島出版会の伊藤公文氏（現 鹿島建設）、その後の遅れ遅れの翻訳作業を我慢強く見守り、そして適切な編集処理を行って下さった相川幸二氏にも心からお礼申し上げたい。

2002年7月 堀川幹夫

アムステルダム物語
杭の上の街

2002年8月30日　第1刷発行 ©

著者	ヘルマン・ヤンセ
訳者	堀川幹夫
装丁＋本文DTP	高木達樹(しまうまデザイン)
発行者	新井欣弥
発行所	鹿島出版会
	〒107-8345　東京都港区赤坂6丁目5番13号
	電話 03-5561-2550　振替 00160-2-180883
印刷	半七写真印刷工業
製本	牧製本

ISBN4-306-04427-0 C3052　Printed in Japan

無断転載を禁じます。落丁、乱丁本はお取り替えいたします。
本書の内容に関するご意見・ご感想は下記までお寄せください。
URL: http://www.kajima-publishing.co.jp
E-mail: info@kajima-publishing.co.jp